信仰を求める人とともに

—キリスト教入信と典礼—

オリエンス宗教研究所　編

オリエンス宗教研究所

はじめに

この度、オリエンス宗教研究所より、『信仰を求める人とともに――キリスト教入信と典礼』が刊行される運びになりました。本書の内容は、二〇一六年に「教会共同体を活かす秘跡――求道者とともに歩むために」というテーマで、同研究所が主催した一〇の講座がもとになっています。

この典礼セミナーは、二〇一八年八月一九日に帰天された御受難会の国井健宏神父様（日本カトリック典礼委員会顧問委員）のご指導のもとに行われた講座で、本書の概説も同師によってなされることが最良であることは言うまでもありません。故人に代わって、私が「はじめに」の執筆を依頼されました。日本カトリック典礼委員会で大変お世話になり、また亡くなる一カ月前にもお目にかかる機会が与えられた恩師への感謝のため、力不足は否めませんが、この役目を受諾しました。

同講座の内容は、オリエンス宗教研究所から二〇一七年に刊行された月刊『福音宣教』にも連載されましたが、キリスト教の入信と典礼の関連についての理解を深め、入信前後の導き、同伴、奉仕のあり方（実践）に活かしていくことができるよう、今回「基礎編」と「実践編」という二部構成にし、講座の順番を入れ替え、表題を若干見直し、また用語を統一したりして、再編集されています。各項目の終わりには、キーワードとポイントがまとめられており、復習や分かち合いのために有益です。

「基礎編」は、入信の秘跡に関連する入信準備制度（カテクメナトゥス）、洗礼、堅信、聖体、ミサ、典礼暦年、聖書朗読配分などの神学的な基礎を学ぶ部分です。ただし、ある程度、実践的な内容も含まれていることを、ご了解いただきたいと思います。まず、第二バチカン公会議によって復興された段階的な入信準備制度を組み入れた新しい『成人のキリスト教入信式』の儀式書と、入信準備制度が形成されて来た歴史的な背景の紹介がなされます。

次に、この入信準備制度は、単に求道者・入信志願者のためだけではなく、聖霊の賜物で生かされた教会共同体（受洗者）の奉仕を伴って、実施されるものであることに注意が向けられます。入信準備制度は、次第に四旬節・聖週間の典礼と結びつき、復活徹夜祭のミサの中で、入信の秘跡（洗礼・堅信・聖体）に導かれることこそ、最もふさわしいことが明らかにされます。

そして、キリスト教の入信は、洗礼前の回心と準備に始まり、洗礼と堅信の秘跡による聖霊の恵みに導かれ、感謝の祭儀（ミサ）の中で祝われる聖体の秘跡に恵みにあずかって、「キリストの満ちあふれる豊かさになるまで成長」（エフェソ4・13）していく歩みであることが説明されます。そのために、典礼暦年に従って教会共同体が祝う感謝の祭儀（ミサ）に参加し、神のみことば（聖書朗読）と聖体の秘跡を分かち合うことが、信仰生活の中心（源泉・頂点）に位置づけられています。

入信の秘跡の神学的な理解を基礎として、「実践編」では、信仰を求める人のために、入信前後の導き、同伴、奉仕のあり方に関連する具体的な実例が示されます（ただし、幾分、神学的内容も繰り返されています）。そして、最後には、教皇フランシスコが二〇一三年一一月に公布した使徒的勧告『福音の喜び』を手がかりに、より一層の神の民の成長を願って、入信の秘跡の恵みに生かされて行われる典礼奉仕が、生活における愛の奉仕へと展開されていくようにとの招きもなされています。

教皇フランシスコが公布した使徒的勧告『福音の喜び』は、世界の教会が取り組むべき福音宣教の重要な指針となるものです。この中で教皇が、「新しい福音宣教は、すべての人に呼びかけられており、それは基本的に三つの領域で」実行されるべきであると述べていることに留意したいと思います。

第一の領域は、「定期的に共同体に参加し、主の日に集まって、みことばと永遠のいのちのパンで養われる信者」、また「頻繁に礼拝には参加しなくても、強くて誠実なカトリック信仰を保ち、さまざまなかたちでそれを表す信者」です。

第二の領域は、「洗礼を受けながらも洗礼の要求することを実行していない」人々で、教会への心からの帰属感をもっていない人々です。

そして第三の領域は「イエス・キリストを知らない」人々、また「拒み続けている」人々です（『福音の喜び』14参照）。

わたしたちは、第三の領域の人々への福音宣教に励むためにも、まず、第一の領域の人々が福音宣教の熱心な担い手となり、同時に、第二の領域の人々、いわば教会から離れている人々が「回心して、信仰の喜びと福音にかかわりたいという願いを取り戻すよう」努めることも重要です。『福音の喜び』が提示しているこのような総合的視野を再認識しながら、教会共同体が力を合わせて、福音宣教に励む取り組みが求められています。

『福音の喜び』が提示する福音宣教の三つの領域のうち、第一と第二の領域は、入信直後の養成（ミュスタゴギア）の延長線上に位置づけられる信仰教育で、入信の秘跡の恵みが開花して、信仰生活が深められていく歩みを意味しています。それは同時に、第三の領域の人々への福音宣教の働き手を育てる養成でもあります。

このような信仰教育・養成は、信仰を求める人々に同伴してきた教会の歴史的な歩みが示しているように、入信準備も入信後の養成も、教会共同体が祝う典礼と深く結ばれて行われるとき、より効果的なものとなっていきます。この度、オリエンス宗教研究所から出版される『信仰を求める人とともに――キリスト教入信と典礼』は、そのことを私たちに示しています。本書が、少しでも日本における新しい福音宣教を考える一助となりますように。

二〇一九年八月一五日　聖母被昇天の祭日

日本の福音宣教の保護者聖フランシスコ・ザビエル日本上陸の記念日

カトリック広島教区　司教　アレキシオ　白浜　満

目次

ミサ」の理解と参加の仕方（「入信の秘跡」の完成と継続について）――1．ミサの構造　開祭／ことばの典礼／感謝の典礼／閉祭（派遣）、2．主日のミサへの参加の姿勢　意識的参加／行動的参加

◆キーワードとポイント◆

第6章　信仰生活を深める典礼暦年と聖書朗読　137

信仰生活と教会の暦／典礼暦年と聖書朗読配分の発展／『ローマ・ミサ典礼書』／第二バチカン公会議後の典礼暦年と聖書朗読配分の改訂／聖書朗読配分の原則　①聖書は典礼祭儀の主要な構成要素である　②主日と祝祭日の聖書朗読配分を優先する　③朗読聖書にはより多くの箇所を採用する　④教会の伝統を踏まえつつ現代に適応させる／聖書朗読配分の特徴　①キリストの過越の神秘が中心　②一五七〇年の『ローマ・ミサ典礼書』からの連続性　③三年周期の朗読配分　④主日と祝祭日の三朗読　⑤朗読の選択と配分の原則／他教派への影響／イエスの「生きた声」を聞く

◆キーワードとポイント◆

実践編

＊本文中での聖書の引用は、原則として『聖書・新共同訳（旧約聖書続編つき）』（日本聖書協会発行）を用いています。

＊本書では、入信の諸段階に関して、基本的に『成人のキリスト教入信式』（暫定日本語版一九七六年）に従っていますが、第二段階の「洗礼志願者」に関して、二〇一五年に『司牧に関する法規の手引き（新教会法典準拠）』（カトリック中央協議会発行）では、「入信志願者」としています。最近の解説書でも同様の用語法のものがあることを考慮し、本書では、必要に応じて、洗礼志願者（入信志願者）、関連して、洗礼志願式（入信志願式）、洗礼準備期（入信準備期）などと一部併記しています。日本の教会として用語が再検討されている状況であることからの措置としてご了承ください（巻末資料1・用語異同一覧参照）。

基礎編

カタコンベに描かれるイエスの洗礼（３世紀）

第1章　キリスト教の歴史と入信式

第二バチカン公会議による刷新の経緯

第二バチカン公会議による『典礼憲章』（一九六三年）は、入信の秘跡について、まず「数段階に分けられる成人の入信準備期を復興」することを要請しました（64）。そして、「成人の洗礼のための儀式は、簡素な形式のものも、刷新される入信準備期を念頭に置いたより荘厳な形式のものも、いずれも改訂されなければならない」（66）とし、また「幼児洗礼の儀式を改訂し、幼児の実情に適応させなければならない」（67）としました。

これを受けて、一九六九年五月一五日に『幼児洗礼式』の規範版が、一九七二年一月六日、『成人のキリスト教入信式』の規範版が発行されることになりますが、それに至るまでには、『典礼憲章』のほかに、特に『教会憲章』を中心とする他の公会議文書の発布が重要な役割を果たしていきます。

『成人のキリスト教入信式』

成人のキリスト教入信に関していうと、まず何よりも『教会憲章』（一九六四年）、そして『教会の宣教活動に関する教令』（一九六五年）が重要です。その豊かな内容が、後に発行される儀式書の緒言に反映され、特に『成人のキリスト教入信式』は、第二バチカン公会議の考え方を知るために、司式者にとってのみならず、どの信者にとっても学び甲斐のあるものとなっているからです。

特に、『教会の宣教活動に関する教令』（以下『宣教活動教令』）14は、『成人のキリスト教入信式』の構想をすでに語り尽くしているといってもよいでしょう。引用してみます。

「キリストに対する信仰を教会を通して神から受けた者は、典礼上の儀式によって入信準備期に受け入れられなければならない。この期間は、単なる教義的真理や道徳的規律を説明されるだけでなく、キリスト信者の生活全体を、適切な方法をもって習い、身に着けるためのものである。これらを通して弟子は師キリストと結び合わされる。それゆえ洗礼志願者は、救いの神秘と福音の道徳の実践について適切に初歩の教えを受け、順次行われる聖なる式を通して、神の民の信仰、典礼、愛の生活に導き入れられねばならない。その後、洗礼志願者は、キリスト教入信の諸秘跡によって闇の力から救い出され、キリストとともに死に、葬られ、ともに復活させられて、子となる霊を受け、神の民全体とともに主の死と復活の記念を祝う」。

ここに出てくる入信準備期（カテクメナトゥス）、洗礼志願者（カテクメニ＝複数）、キリスト教入信（イニツィアツィオ・クリスティアーナ）といった用語は、我々にとっては真新しい用語でしたが、実際には古代教会の実践から生まれたものなのです。

入信（イニシエーション）という考え方

ともかくも公会議後の「入信式」という典礼の構成は、古代に範例をもつ「教会共同体において段階的に進められるキリスト教入信」の実践を現代の必要に適応させつつ復興することを目指したものです。そこで、まず、「入信」と訳されているのは、ラテン語ではイニツィアツィオ、英語ではイニシエーションという語です。これは、宗教学や文化人類学上の概念で、一般に「加入儀礼」を指します。この語が教会に導入されたことで、なによりも、洗礼の儀を中心とする入信式の本質的な意味の一つが、教会共同体への加入にあるということが明確化されました。

3世紀半ばのドゥラ・エウロポスの教会洗礼室（復元）

ドゥラ・エウロポスの教会部分

中央　集会室（聖餐室）　　右上　洗礼室

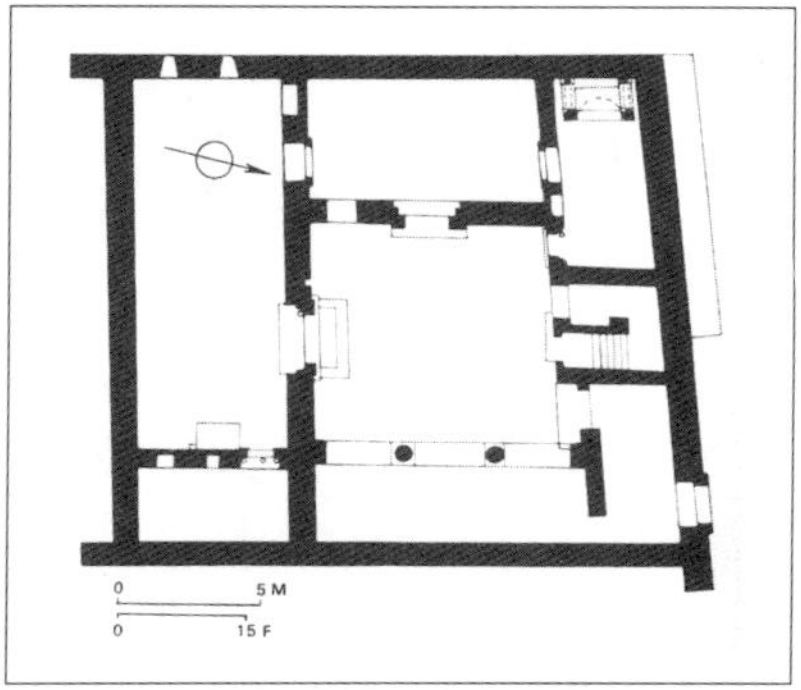

前述の『宣教活動教令』でも、神の民の信仰、典礼、愛の生活に導き入れられることが強調されているように、この加入は洗礼を受ける者にとってだけでなく、受け入れる共同体にとっても成長のステップになるということがすでに暗示されています（このセミナーの根本テーマ）。そこに「キリスト教入信」すなわち「キリスト教加入儀礼」という捉え方を、現代においてあえて採用した意味があります。このことにどれだけ習熟できているか、公会議から半世紀を経た教会全体の意識が問われるところです。

成人のキリスト教入信式の基本構想

すでに四〇年実践されてきているので、もう親しまれているかとは思いますが、一九七六年の日本語版暫定版の用語法に基づいて、現代の段階的入信制度の概要を確認しておきましょう。

第一段階＝「入門式」に始まる「求道期」
第二段階＝「洗礼志願式」〈四旬節第一主日〉に始まる「洗礼準備期」

（「洗礼志願者のための典礼」（四旬節第三、第四、第五主日）が行われる）

第三段階＝「入信の秘跡の祭儀」（復活徹夜祭の典礼）と「入信の秘跡直後の期間」
（入信の秘跡直後の導きが行われる）

一九七六年の用語法は、その後、再検討がなされており、その過程で新たに「入信志願者」とか「入信志願式」といって用語が提案されています。ただ、その用法についてはなお調整がされている段階のようです（本書の用語法については○○ページを参照）。これまでの用語法で、求道期ないし入信準備期と訳されるカテキメナートゥス、求道者ないし洗礼志願者と訳されるカテクメヌス（単数）、カテクメニ（複数）という語自体が、どのような古代教会の実践努力とともに育ってきたか、いくつかの例をとおして見ておきましょう。

使徒言行録に見る入信過程の原型

準備段階を含めての過程を指すキリスト教入信を見通すため、また判別するために大きな指針となるのが使徒言行録2章であるといわれます。聖霊降臨の出来事（使徒言行録

2・1－13）のあと①ペトロの説教（2・14－36）があり、②それに心を動かされた人々がキリスト者になるためにはどうすればよいのかと尋ねます。ここには、すでに回心と信仰の芽生えがあります。それを前提として次に③キリスト教入信の実現があり、これについて、ペトロは「悔い改めなさい。めいめい、イエス・キリストの名によって洗礼を受け、罪を赦していただきなさい。そうすれば、賜物として聖霊を受けます」と告げます（2・38）。入信の秘跡の意味が語られている重要な箇所です。ここまでが、41節前半で「ペトロの言葉を受け入れた人々は洗礼を受け」と要約的に記され、さらに、同節後半で「その日に三千人ほどが仲間に加わった」と④信者の共同体への加入を明記しています。そしてその仲間が加わった信者の共同体の実践が「彼らは、使徒の教え、相互の交わり、パンを裂くこと、祈ることに熱心であった」と記され、今日でいえばミサを中心とする典礼生活の姿を初期的な表現で語っています。ここでは、三〇〇〇人の入信がすばらしい神のみわざという感覚でも述べられていますが、入信者が生まれることが教会全体にとっても刷新そのものであることが新鮮に伝わってくる箇所です。

洗礼を受けること、キリスト者になることの本質に関することは、使徒たちの手紙が、さまざまな箇所で語っています。洗礼は、それによってキリストとともに葬られ、その死

２世紀末～３世紀頃に推定される入信過程と入信典礼

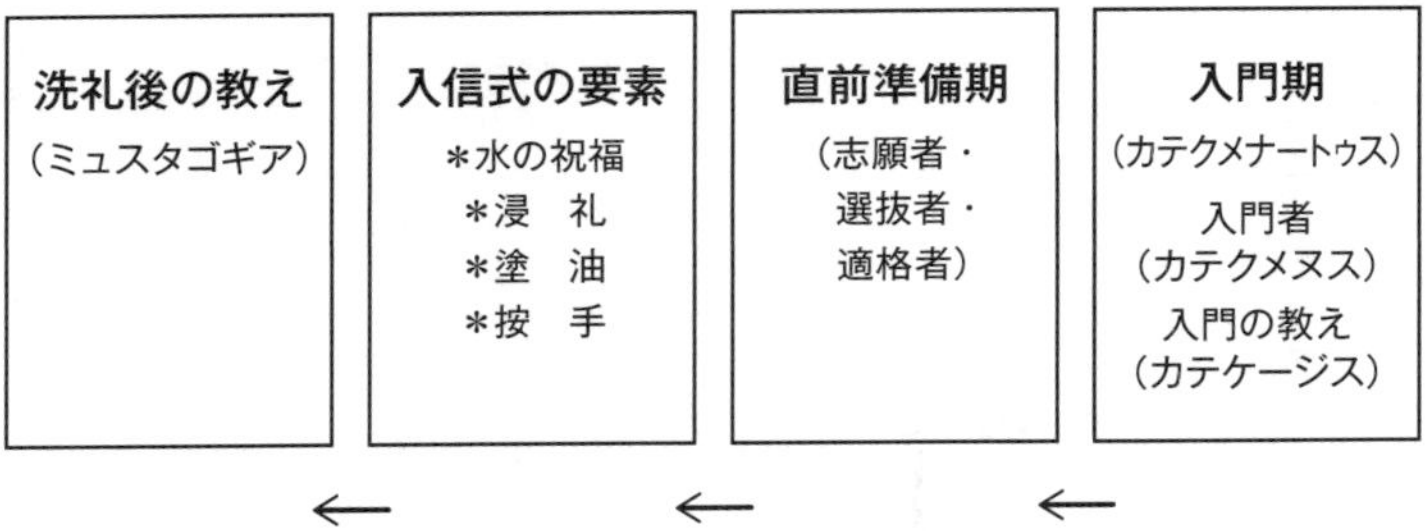

にあずかること（ローマ6・4参照）、キリストとともに復活させられること（コロサイ2・12）、古い人をその行いとともに脱ぎ捨て、造り主の姿に倣う新しい人を身に着け、日々新たにされていくこと（同3・9－10）、神の民とされること（1ペトロ2・9－10節参照）、キリストを着るものとなること（ガラテヤ3・27参照）……です。このような教えは、洗礼の意味を語るものとして大切に受け継がれ、また洗礼の儀式やシンボルの形成のきっかけにもなっていくのです。

ユスティノスの記述が教えるもの

時代は下り、二世紀半ばの証言として、キリスト教哲学者・殉教者であるユスティノスの

『第一弁明』があります。その61章では、次のように記されています。

「私共のこうした教えと言葉を真理として受け入れ、信じて、それにもとづいた生活を送る覚悟であると約束する者には、すでに犯してしまった罪の赦しを、断食しつつ、神に祈り求めるように教えております。そして私共も彼らと共に祈り、断食するのです。次の段階では、この人々は水場に案内され、私共が身に受けたのと同じ仕方で新生を受けます。すなわち、万有の父また支配者なる神と、私共の救い主イエス・キリストと聖霊の名によって、(その名を唱えるのと)同時に水において、洗いを受けるのです」。

また65章では、「さて私共は、信仰を抱きかつ教えに同意した者に上述の仕方で洗礼を授けてから、この人を『兄弟』と呼ばれる者たちの所に連れて行きます」とあり、続いて公同の祈り、平和の接吻が行われ、それから感謝の典礼の様子が記されています(2)。

ここに示されるのは、当時の状況における入信過程の全貌で、①教え⇓②聴く人の受け入れ、信仰生活への決意⇓③入信準備としての祈りと断食⇓④入信の典礼(「新生」「洗い」と呼ばれる)⇓⑤信者の共同体への加入の実現としての共同祈願への参加、平和のあいさつ、そして感謝の典礼です。

入信の準備の実践として祈りと断食に言及されていますが、それも信者である「私共」

キリスト教入信のプロセス

（使徒言行録２章に見られるもの）

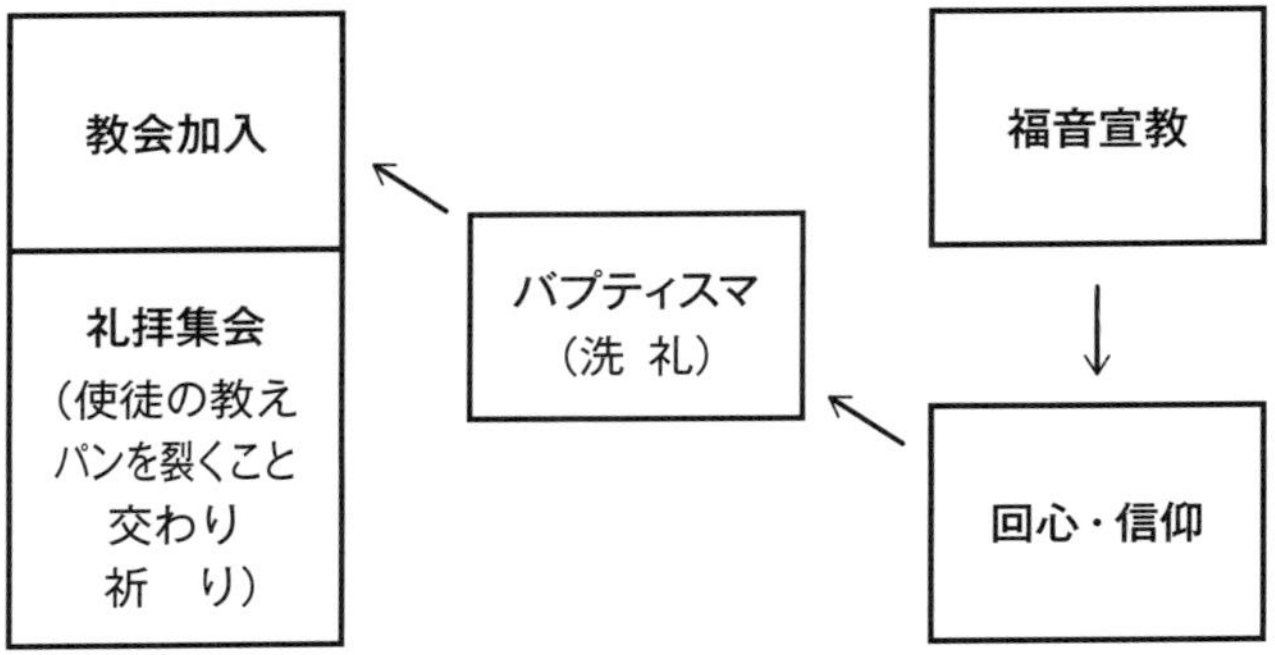

ユスティノスが示す入信過程

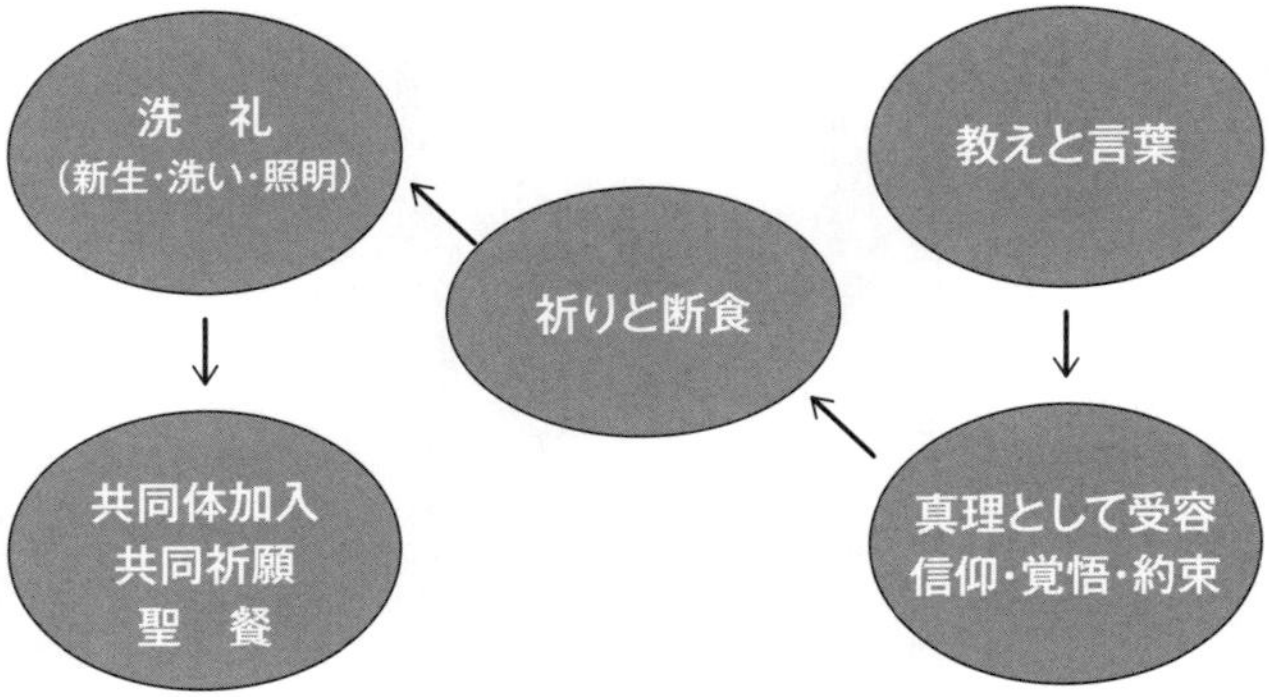

が「彼ら」（求道者）とともに行うと記されており、入信準備が共同体全員の実践であることが伝えられています。

入信典礼の発展

このような意識はその後も受け継がれつつ典礼の発展が進んでいきます。教理神学上大きな功績を残した、二世紀末から三世紀初めに生きたラテン語圏の教父テルトゥリアヌスの『洗礼について』は、入信典礼の儀式の詳細化や入信の秘跡に関する神学的論議が進み、特に洗礼のための準備教育が制度的に確立しつつあったことを示します。冒頭の次のような文言が参考になります。

「我々の水の（幸いなる）サクラメントゥムについて〔語ろう〕。この〔水〕によって過去の蒙昧の時に犯した罪が洗われ、我々は永遠の生命へと解放される。この説明は、目下洗礼のための準備教育を受けている人々をも、信じたことで満足して、伝えられた事柄の理拠を究めず、未熟さから信仰の試練に遭遇している人々をも教育するものとして、無駄ではあるまい」。

2～3世紀の教会において

使徒の教え → 新約聖書の正典の確立

主の晩餐 → エウカリスティア
（感謝の祭儀）

正しい教え → 『使徒の教え（ディダケー）』
『使徒の教え（ディダスカリア）』等
実践規範が主
典礼の行い方・祈り方等

「入信準備制度」

さらに、ローマのヒッポリュトスの名と結びつけられてきた『使徒伝承』という文書もおおよそ三世紀から四世紀までの教会の実践の一端を示します。それらを通して、入信準備の制度（カテクメナトゥス）が形成され、入信を志し教会の教えを学ぶ人（カテクメヌス）が教会の一員として位置づけられている様子や、入信のための教育内容をたえず吟味し、単なる教義的真理や道徳的規律だけでなく、信仰生活全体の養成を主眼とする様子、時間をかけて行う様子が垣間見られます。教えを受けた者が正式に入信式を受けるに至るためには共同体の吟味が必要とされ、そこで入信を認められた者が「選ばれた者」「適格候補者」と呼ばれるのも当時の慣例となっていました。

キリスト教公認後の発展

四世紀初めのキリスト教公認後の時代には、このような制度がさらに大きな発展を見ます。キリスト教公認により、ローマ帝国社会の中で皇帝権の後押しを受けて、キリスト教がだんだんと古代諸宗教やユダヤ教よりも優位に置かれ、やがては帝国宗教の位置にまで上げられていく趨勢《すうせい》の中で、教会に表立って入ることができるようになり、自然に教会は大人数になっていきます。大聖堂建設時代への突入です。

その一方、前の時代に行われていた入信準備制度はかなり高い要求を志願者たちに求めるものであったのに対して、そのような伝統を有している洗礼制度には人々は消極的な対応をするようになります。

四世紀後半に見られる現象として、洗礼を先延ばしにしたり、場合によって死の床まで先延ばしにして、死後の安寧のために洗礼を受けたりするといった傾向が出てきます。本来の基準からすれば信仰の意識が低くなったといわなくてはならない信者の姿勢です。大

秘跡の考え方の形成と入信制度の発展

洗礼・エウカリスティア　→　サクラメントゥム

洗礼の信仰宣言　→　信条（信仰箇条）
シンボルム

* 入信準備制度（カテクメナトゥス）の形成
* 教えを受ける人の用語　カテクメヌス
* 信仰入門の教えを表す用語　カテケージス

４世紀後半の教会

正統信条

洗礼志願期（入信志願期）の教育
（カテケージス）

入信式
（三位一体の神、キリストとの交わり）

秘義教話
（カテーケシス・ミュスタゴギケー＝ミュスタゴギア）

衆化しつつある教会の様子が窺われます。

そのような中で、前の時代までの入信準備制度を継承しつつ、充実した準備教育や入信式の実践、さらに入信後の信仰教育に司牧者たちが力を注いでいくようになります。そのような努力を伝えるのが、エルサレムのキュリロスの秘義教話や、ミラノのアンブロシウスの秘跡についての講話などです。

三 - 四世紀の入信過程

この時期の入信過程の概略を図示すると上のようになります。信仰の教えを聴く期間は、入門式によって始まりが示されますが、本格的な重点が置かれるのは、そこから人が本当に洗礼を受けることを望む、洗礼準備期（入信準備期）ということになります。しかも四世紀末には、この時期が四旬節という形での典礼季節の設定と結びついていきます。

この時期に、公会議によって正統信仰の規範的条文とされたニケア・コンスタンチノープル信条が教えの基準となり、この信条の授与も儀式化されるようになります。暗記した信条を実際に唱えるというものでした。

復活徹夜祭における入信式の実際もさまざまな典礼上のしるしが加えられていきました。

4世紀末頃の入信過程

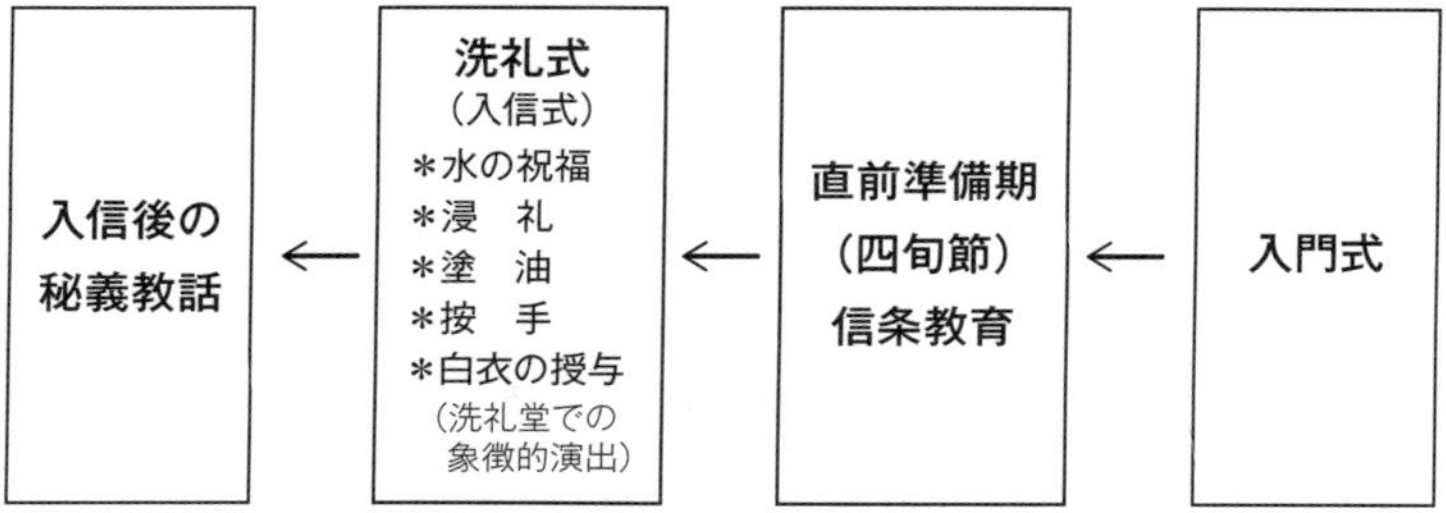

大聖堂に付属する洗礼堂という建物によって、たとえば、悪霊の拒否という儀式を、（悪霊の方角と考えられた）西に向かって行い、東（まことの光、正義の太陽とも考えられるキリストの方角）に向かって信仰宣言を行うといった儀式的演出も加えられていったのです。洗礼堂中央にある洗礼水槽で行われる全身浸礼が終わると、白衣を着ることもこの時代に広まり、キリストにおける新生を印象づけることになりました。

「秘義教話」

このようなしるしを豊かに生かす典礼になると、当然にその意味を説き明かす教育が必要となり、復活の八日間はまさに、新受洗者に対して、直前に受けた入信式の意味（洗礼の秘跡と聖体の秘跡の信仰的意味を含め、個々の儀式のもつ意味全体）を教えていく期間となりました。これを「秘義教話」（カテケーシス・ミュスタゴギケー、またはミュスタゴギア）といいます。広い意味で、秘跡や典礼祭儀についての教えがなされるのです。こうした教えの中で「秘跡」（ラテン語のサクラメントゥム）という用語や考え方が一般化していくようになりました。

ミサの聖書朗読でも、復活祭に向かう四旬節は入信準備のために編成されていく一方、復活の八日間また復活節では、キリストの死と復活の神秘を説き明かし、キリスト者一人ひとりがどのように生きるべきか、教会共同体全体がどのように歩んでいくべきかを教える努力も示されました。

このようにして、教父の努力の結晶として、成人のキリスト教入信過程はだんだんと充実の度を深めていき、彼らの教話や講話を書き記した文書はその後の時代に大きな影響を及ぼしていきます。洗礼堂建築の隆盛もそのような成人に対する入信過程の発展の様子を窺わせます。

教会と社会との関係が大きく変わりゆく状況の中で、信仰教育の水準を保とうとする司牧者たちの苦心の跡は、今日、再び顧みられ、我々の実践にとっても大きな示唆を与える

「秘跡」の概念の確立

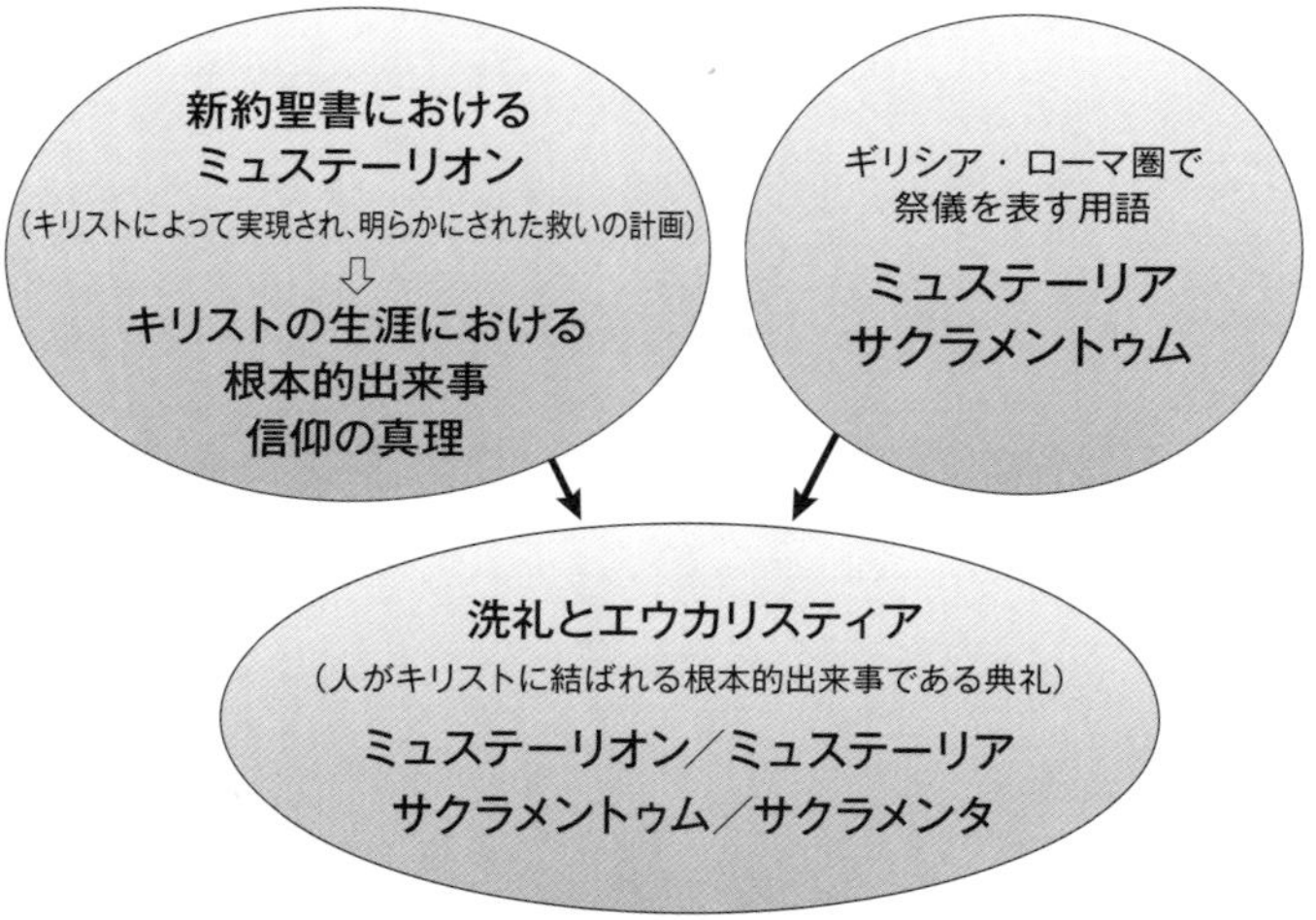

ものとなっているのです。

その後の変遷

しかし、当時の歴史の進展は皮肉な現象をもたらします。このあと五、六、七世紀と経るなかで、一方では、成人の入信準備過程や入信式が高度に発展し、志願者が洗礼にふさわしいかどうか、たびたび吟味・確認する段階が加わったり、入信式の儀式上のしるしも増加したりします。他方、司牧の現場では、いわゆる幼児洗礼がしだいに普及するようになります。

当初は、古来の原則を継承して、

一年の間に生まれた子どもには復活徹夜祭にまとめて洗礼を授けるという対応もとられていましたが、やがて、すべての人はいち早く原罪から清められるべきとの神学的指導もあり、子どもが生まれるとできるだけすぐ洗礼を授ける、すなわち新生児洗礼という意味での幼児洗礼が原則化していくようになるのです。社会全体のキリスト教化を鮮やかに示す現象です。

この場合、儀式としては、成人の入信式のために細かく発達したものを形式的に幼児にも適用していくことになります。時代の推移とともに、かつての、ことばとしるしによる信仰養成の実質的内容はしだいに空洞化され、形式化していったのです。

近世に新世界や東洋への宣教の進展とともに成人の改宗洗礼が行われていくようになっても、古代のような入信準備期間や、入信式および教話を通しての信仰養成の実質は失われ、全過程を通しての典礼と一体となった教育的司牧的実践とは、ほど遠いままであったといわれています。

現代の入信式の刷新の歴史的意義

現代の入信式の刷新は、古代教会において試みられた宣教と入信のための全教会的努力

Das
Meßbuch der hl. Kirche
(Missale Romanum)
lateinisch und deutsch
mit liturgischen Erklärungen.
Für die Laien bearbeitet
von
P. Anselm Schott,
Mit einem Stahlstich.
Freiburg im Breisgau.
Herder'sche Verlagshandlung.
1884.

会衆用ミサ典礼書　1884
（典礼復興から信徒の典礼参加促進へ）

19 世紀末～ 20 世紀前半

信仰教育の環境 さまざまな刷新運動の時代

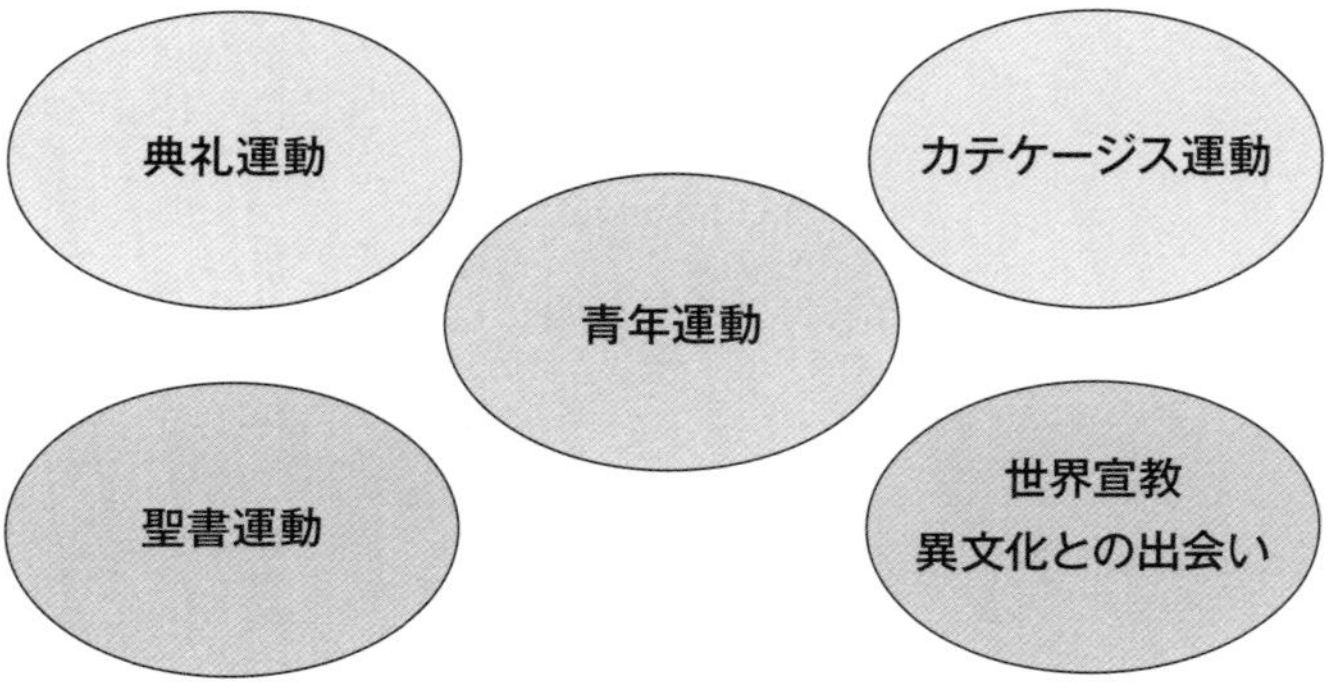

の跡を諸資料に基づいて平均的に抽出しつつ、今日のミサや典礼暦年や聖書朗読の刷新およびその国語化と結びつけ、成人の入信過程の実質性の回復を目指しています。洗礼を個人の私事や家庭行事ではなく、信仰者の誕生のために全共同体が関与し、信者個々人も入信者とともにたえず新たに、神の民の一員として成長を図ることが目指されているのです。

こうした理念や構想を含む現行のキリスト教入信の儀式書が与えられたことで、この四〇年の間、少しずつでもこれに即応した意識が育まれているのではないでしょうか。ミサ典礼書を中心とする典礼書の改訂が日本では予告されていますが、四〇年間の経験を踏まえて、入信式もよりよい用語と形式を備えたものに改善されることが望まれています。あるいは、もっと大胆な入信準備制度の見直しがなされてもよいでしょう。古代教会の実践努力の跡を知ることは、そのような思い切った発想や試みに対しても力を与えてくれるような気がしてなりません。

◎第1章で紹介、引用された教父文献の邦訳は次のものです。

＊ユスティノス『第一弁明』……『ユスティノス　第一弁明、第二弁明、ユダヤ人トリュフォンとの対話［序文］』キリスト教教父著作集1、柴田有、三小田敏雄訳（教文館一九九二年）78－84ページ。

＊テルトゥリアヌス「洗礼について」……『初期ラテン教父』中世思想原典集成4、上智大学中世思想研究所編訳・監修（平凡社　一九九九年）、33－76ページ。

＊「使徒伝承」……『聖ヒッポリュトスの使徒伝承　B・ボットの批判版による初訳』土屋吉正訳（オリエンス宗教研究所　一九八七年）。なお本書80～81ページのコラム参照。

＊エルサレムのキュリロス『秘義教話』……「洗礼志願者のための秘義教話」『盛期ギリシア教父』中世思想原典集成2、上智大学中世思想研究所編訳・監修平凡社、一九九二年、141－170ページ。

＊アンブロシウス「秘跡についての講話」……『アンブロシウス　秘跡』熊谷賢二訳、P・ネメシェギ監修、創文社、一九六三年。

◆キーワードとポイント◆

■現代の「入信の神学」は古代の「数段階に分けられる成人の入信準備期を復興」したもの。第二バチカン公会議の結果である『成人のキリスト教入信式』、『典礼憲章』、『教会憲章』、『教会の宣教活動に関する教令』がベースとなっている。

■入信準備期（カテクメナトゥス）、洗礼志願者（カテクメニ）、キリスト教入信（イニツィアツィオ・クリスティアーナ）。

■『成人のキリスト教入信式』の基本

第一段階＝「入門式」に始まる「求道期」

第二段階＝「洗礼志願式」（四旬節第一主日）に始まる「洗礼準備期」

第三段階＝「入信の秘跡の祭儀」（復活徹夜祭の典礼）と「入信の秘跡直後の期間」

■使徒言行録2章は入信過程の原型。キリスト教入信を見通し、判別する大きな指針。

■二世紀半ばのキリスト教哲学者・殉教者であるユスティノスの『第一弁明』では、入信準備は共同体全員の実践であることが伝えられる。二世紀末から三世紀初めには、洗礼のための準備教育制度的に確立しつつあった（教父テルトゥリアヌスの記述）。

■ローマのヒッポリュトスの『使徒伝承』と呼ばれてきた資料も三世紀から四世紀までの教会の実践の一端を示す。共同体から入信を認められた者が「選ばれた者」「適格候補者」。

■洗礼準備期（入信準備期）は四旬節と結びついていく。四世紀後半には、信仰の教えを聴く期間は入門式から始まる。

■「秘義教話」（カテケーシス・ミュスタゴギケー、またはミュスゴギア）。復活の八日間は、新受洗者に対して入信式の意味を教えていく期間。

■公会議後の「入信式」は、古代の実践である「教会共同体において段階的に進められるキリスト教入信」を、現代の必要に適応させつつ復興することを目指したもの。

■洗礼は、信仰者の誕生のために全共同体が関与し、信者も入信者とともにたえず新たに、神の民の一員として成長を図ることが目指されている。

第2章　教会共同体と入信の秘跡

典礼刷新と入信制度

第二バチカン公会議による典礼刷新は、ローマ・カトリック教会の入信制度に大きな変化をもたらしました。『典礼憲章』64項はそれを象徴的に表してくれますが、次のように続きます。「数段階に分けられる成人の入信準備期を復興し、地区裁治権者の判断によって使用に移されなければならない。こうして、ふさわしい養成を目的とする入信準備期が、順次に執り行われる聖なる儀式によって聖化されるようにしなければならない」。

この文章は洗礼の秘跡の実行におけるいくつかの変化を示していますが、その中でも「入信準備期」（カテクメナトゥス）の復興は特記すべきです。「入信準備期」とは、古代教会の伝統でしたが、幼児洗礼が一般的になった中世にはなくなっていました。

三世紀初期の文献であるローマのヒッポリュトスの『使徒伝承』と呼ばれてきた資料は、

古代の「入信準備制度」を詳しく記録していますが、現行の入信制度はそれから多くの洞察を得ています。それによると、信仰を求めて教会を訪れる人は、生活状態や職業などにおいて準備ができているかどうか調べられる（16章）。その後、「神のことばを聴く期間」が三年間設けられる（17章）とあります。

求道者の養成

18－19章には、三年にわたる求道者養成の内容が具体的に提示されています。それによると、いちばん大切なことはミサ典礼の中で朗読され、説かれる「みことば」に共同体とともに参加することとされています。その他、キリスト教的な祈りや慈善の実践を学ぶことも挙げられていますが、要するに、求道者の養成には、教師をはじめ、共同体全体が関わるということがわかります。20章には、（おそらく）四旬節の四〇日の間における特別な準備と、聖なる三日間の最終的な準備のことが記されていますが、ここでも司教を中心とする共同体全体が洗礼志願者とどう関わるかが問題になります。

（聖）土曜日を徹夜した後、「鶏の鳴くころ」（21章）に洗礼式が始まります。『使徒伝承』でも、四世紀のその他の書物からでもわかることですが、洗礼式はこぢんまりした洗礼堂で司式者や補助者（助祭）たちが洗礼志願者を囲んで行われます。そして受洗者たちは司教に導かれ洗礼堂から教会堂に入り、共同体全体から温かく迎え入れられます。司教は歓迎のしるしとして按手と接吻を与えますが、それらは受洗者たちが共同体の一メンバーになったことを表します。その後聖餐《さん》式が続き、受洗者たちは共同体のうちに初聖体を受けます。

入信の秘跡における二つの軸

『使徒伝承』の伝統に従って作られた現行の「入信準備制度」は、基本的に二つの軸を基にしています。一つは、典礼暦を中心とする時間軸であり、もう一つは、教会共同体全体を中心とする空間軸です。それゆえ現行の洗礼式も、暦の頂点である復活徹夜祭に、共同体とともに行われることを原則にしているのです。

この二つの軸をまとめ上げるのは、毎日曜日のミサ典礼です。現行のミサ典礼は三年周期（A年、B年、C年）になっていますが、それは求道者たちが三年間のミサ典礼に忠実にあずかることを予想して作られています。キリストの信仰は根本的に共同体的なものであり、求道者たちは共同体の中でミサ典礼を通して徐々に信仰の神秘にあずかるということが前提になっているからです。

『成人のキリスト教入信式』

『成人のキリスト教入信式』の式次第は、刷新された「入信準備制度」の内容を具体的に示しています。式次第によると入信式は、（1）求道期前の期間、（2）求道期、（3）洗礼準備期、（4）入信の秘跡直後の期間という四つの違う期間を通して行われます。それは、①「順次に行われる聖なる儀式」と②「適確な教育」によって構成されたものとして、入信者の「聖化」を目的とします。すなわち洗礼のプロセスの目的は聖化ですが、第一は入信者の聖化であり、第二は共同体全体の聖化です。既存の共同体メンバーはただ入信する人を助ける立場になるだけではなくて、彼らとともに共同体として神の恵みを受ける立場にもなるのです。

一定の期間から次の期間に移る際には儀式を伴いますが、共同体のメンバーが参加することが想定されます。求道前期から求道期に移る時には「入門式」が、求道期から洗礼準備期に移る時には「洗礼志願式（入信志願式）」が、そして洗礼準備期から入信の秘跡の直後の期間には「入信の秘跡の祭儀」（復活徹夜祭における洗礼、堅信、初聖体の総称）

が行われます。

宗教体験と福音の体現化

一定の期間を締めくくる儀式を共同体のうちに繰り返して行うということは、信仰を「旅＝プロセス」として捉えるところに特徴があります。洗礼の時に与えられる恵みは、その前後に設けられる教育の期間と儀式とに本質的につながっています。それは、洗礼による恵みの具現は、神の恵みに応える人間側の人格的な順応性に比例するということを暗示しています。

恵みとは、何かもののような事柄ではなく神の愛そのものなので、受け入れる人間の自覚した受託があって初めて目に見える形として表れるということです。入信式が、共同体性と長いプロセスとを特徴とする理由は、神の恵みに応えていく人間の順応性を考慮したことにあります。

人間の成熟と身体性

現代の学際的な研究の結果、人間の情緒的、知的、倫理的、宗教的な成長や成熟は一息にではなく、一生をかけて徐々に起こる現象であることが検証されています。そして人間の成熟において共同体性が大切であることも検証されています。それは人間が身体的な存在であるということが前提になっています。

神の恵みによる人間の変容にもこの身体性は大切な要素です。場合によっては神の恵みをドラマチックに体験する人もいるかもしれませんが（例えばパウロの回心体験ように）、その恵みが人間存在全体に吸い込まれ、体現されるまでには、それを支える共同体との関係性を育てるために長い時間がかかるのです。現代における入信制度が共同体性と数年という期間を想定する理由もそこにあります。それは神の恵みはただ頭だけではなく、心と体に深く受肉して初めて本物になるということです。

新約聖書に見られる入信と共同体性

新約聖書は、現代の入信の秘跡に対する根本的な洞察を与えてくれます。まず、当時の信仰の様子を伝える使徒言行録を見てみましょう。使徒言行録は、何より洗礼が共同体に注がれた聖霊と深く結ばれた体験であることを伝えます。

会衆の回心を呼びかけるペトロは、人間が救われるためには神の恵みが必要であり、人間はそれを受け入れなければならないと語ります（使徒言行録2・17－21参照）が、人間を救う恵みとは、信仰共同体に注がれた聖霊に促されてキリストを信じることです。

●悔い改め

ペトロは、神の恵みを受け入れる人間の態度を三つの次元で示します（使徒言行録2・38）。それによると、第一に、人間はまず悔い改め（回心）が必要です。回心を示すギリシア語の動詞はメタノエインで、これは、超えて（メタ）考える（メエイン）ことを表します。「考え」は「望み」を生み、さらに「行動」を引き起こす源泉です。

普段自分を支配している考えの中に罪を生み出す傾きがあるとすれば、それを乗り越える必要があるということです。考えを変えるのに共同体の指導は必須です。一緒に祈り、一緒に断食し、一緒に慈善活動をするうちに、洗礼志願者たちは徐々に考えが変容していくのです。

●赦　し

第二に、洗礼によって、赦しを受けることです。生前のイエスの残したいちばん大切な

神の恵みを受け入れる人間の態度（ペトロ）

●悔い改め　「回心」
●赦　　し　「人間の罪が神の恵みによって赦される」
●聖　　霊　「共同体性」

メッセージは、「人間の罪が神の恵みによって赦される」ということであり、復活したキリストも同じことを告げた（ヨハネ20・23）のですが、新約聖書によると、その赦しの恵みは教会共同体に預託されています。共同体がキリストによって体験し、また聖霊の恵みによって深められた赦しの恵みは徐々に洗礼を望む人々にも伝わっていくということです。

●聖　霊

第三に、洗礼によって入信者も聖霊を賜物として受けます。この恵みは共同体のうちに注がれている神の働きによります。神からの聖霊はすべての人に公平に与えられます。すなわちユダヤ人ばかりではなく、サマリア人にも（使徒言行録8・4－25）、そして異邦人にも与えられる（同10・44－48）のです。ガラテヤ書は洗礼を受けた人は皆キリストを着たのであり、「そこではもはや、ユダヤ人もギリシア人もなく、奴隷も自由な身分の者もなく、男も女もありません」(同3・28)と言います。キリストに結ばれる洗礼によって成る共同体の特徴がここに表れます。

使徒言行録は、洗礼を受けた信者たちの生活の様子を伝えますが(同2・42–47)、信者たちの生活の特徴は、①「交わり(コイノーニア)・友情」、②「祈り」、③「パンを裂くこと」、④「使徒の教え」によって要約されます(同2・42)。ここでもすべてが共同体性という特徴とかかわることがわかります。例えば、交わりを表すギリシア語のコイノーニアのコイネーは「共通の」という意味ですが、洗礼を受けた人々には、互いに何か似たものが多かったことを示します。それは、先述のように、ユダヤ人、サマリア人、異邦人といった違いを超える、「聖霊に生きる」一つの家族としての共通点です。

カリスマと共同体における奉仕

洗礼の共同体についてもっともよく記してくれるのはパウロです。パウロはキリスト教の信仰の共同体性を非常に強調しましたが、それは特に彼の「教会はキリストの体」という思想に表れています(一コリント12・12–31、ローマ12・4–8、エフェソ4・7など参照)。

パウロの考えを一言でまとめると、洗礼によってキリストの体に加わった共同体のメン

奉仕の賜物（カリスマ）

●信仰の賜物　●異言の賜物　●識別の賜物

●預言の賜物　●教師の賜物　●癒しの賜物　●行動の賜物

バーたちはそれぞれの異なるカリスマ（＝聖霊による賜物）をもって共同体建設（それはキリストの体の成長につながります）に参加しますが、大切なのは自分に与えられた賜物を自分のためではなく、共同体内の他者のために使うことなのです。

ここでパウロは福音の本質である思想の一つ、「奉仕」について語っていると思います。そのカリスマを要約すると次のようになります。

●信仰の賜物

――パウロによると、教会共同体には他の信者たちとは区別される、ある特別な信仰の深さを賜物として持っている人々がいる。信仰の賜物を持っている人には、次の特徴がある。神のみ旨による配慮に全幅の信頼を寄せ、この配慮によって心を自由に解き放ち、他の人たちへの奉仕のために私心を忘れて自分たちの生活を献身的にささげられる。神は彼らの祈りを必ず聞き届ける、という確信を持ち、どのような心の状態でも神に向かう子どものような単純さと透明さをもって信頼することができる。

●異言の賜物

——異言による祈りの特徴は、意志や知性を使う能動的な祈りよりも受動的であることである。聖霊に自分の存在を委ねる自己放棄から、人の魂に言葉や概念を超えて神を賛美する祈りが生まれてくる。その意味で異言の祈りは概念的な内容を持たない。異言の体験は、聖霊降臨における教会の誕生を思い起こさせる。

●識別の賜物

——人間には、現実を判断する二種類の自然的な能力がある。「美的判断」と「理性的判断」がそれである。美的判断は文学や芸術を通して示される。理性的判断は、良心の見極めを行うときに示される。「識別の賜物」とは、現実の中で信仰を反映させる術《すべ》である。そのため識別の賜物は、キリストの霊に対し従順であることにより、すべての自然的な判断を信仰の観点に基づいた判断へと変容させることを可能にする。識別の賜物を持つ人々は、これらの異なる霊を正確に読み解き、直感を用いてキリストのように判断を行う。識別の心は、自分に頼るのではなく、祈りの中で聖霊に従うことで形作られる。

●預言の賜物

――預言の賜物は、人間の現実に対する直感的な認識を信仰の恵みによる認識へと変化させる。預言者は神からの言葉を語るのが特徴である。落胆している人、絶望している人には希望の言葉が伝えられ、頑なな人には悔悛《かいしゅん》の言葉が語られる。預言者の心は、ビジョンの中で神の恵みに触れられる。彼らは、想像力溢れる洞察力の中で言葉を生み出す。そのためには、人間の直感的想像力がイエスの霊に忠実であることが前提になる。

●教師の賜物

――人間の知識が自然に成長していくに従い、直感的思考は、論理的な推論に道を譲っていく。教師の賜物は、主に論理的な形で働くが、直感的な心（感受性）にも同様に働く。すべてのキリストの教えが、いかに注意深く理論付けられていたとしても、常に預言的性質が残るからである。キリスト教の教師は、預言の賜物を持っている人々と同じく、神の言葉に奉仕する。預言者たちが、神からのメッセージを直接に熱く語るとすれば、教師たちは、他の人々に真実を冷静に納得させるように、修辞的に、また理性的に議論や説明を通して語る。

●癒しの賜物

——宗教的な癒しは、神の言葉による。神の恵みとしての癒しを与える者は、彼ら自身の能力によって他者に癒しをもたらすのではなく、祈りを通して、そこから生まれる神の言葉を通して、人々の病んでいる、また罪深さに苦しんでいる心と体に、神ご自身の癒しの恵みを伝える。癒された人は癒しの賜物をさらに人々に伝える。

●行動の賜物

——この賜物は、教会組織の実際的な管理や奉仕活動などと関わる。リーダーシップ、管理、慈善の活動などがこれに当てはまり、これらの賜物は、通常、祈りとは別のものとして働く。彼らは祈りの賜物を持っている人に助けられながらこの使徒職を行う。

信徒使徒職の再発見

第二バチカン公会議の入信理解は、聖書の源泉に戻ることによって教会のあり方に決定的な変化をもたらしました。洗礼によるキリストの祭司職、王職、預言職への参加という考えにより、聖職者による独占的な権力集中に代わって、教会統治の分散化が推し進められました。

公会議の多くの教父たちは、教会統治の協働性を主張し、教会の位階制度だけを固守する代わりに、その制度的構造を超越する「神秘体としての教会」と、すべての信徒が「神の民」である教会像を描きました。前述したパウロの「キリストの体」としての教会観が再評価され、キリストの共同体の生活における、聖霊のカリスマ的働きの重要性が強調されました。

「奉仕」する教会

位階制度は、教会の内側に立てられ、共同体全体の一致と共通善のために奉仕するものであることが示されました。「平信徒」という言葉を「信徒」に改め、位階制度への服従に常に縛られている者と見なすのではなく、洗礼による、キリストの霊から来るカリスマ的霊感によって協力し合う者と見なしました。

公会議は、カリスマの恵みについて、神はすべての人に洗礼を通して義化と聖化の恵みを同じく与えるが、個々の人々を同一のカリスマへと鼓舞するのではない。個人個人は、異なった賜物を受けるのである。カリスマは（自分のためではなく）他人のために与えられた恵みとして考えられる、と理解しています（『教会憲章』7－8参照）。このことは、奉仕こそ真のキリスト教の権威である事実を確認させてくれます。教皇フランシスコの姿はキリスト教で求める「奉仕」とは何かをよく示してくれると考えられます。

◆キーワードとポイント◆

■三世紀初期のローマのヒッポリュトスの『使徒伝承』と呼ばれてきた資料は、古代の**「入信準備制度」**を詳しく記録したものの一つ。求道者はミサ典礼の中で朗読され、説かれる「みことば」に共同体とともに参加し、祈りや慈善の実践を学ぶ。求道者の養成には、教師をはじめ、共同体全体が関わる。

■『成人のキリスト教入信式』の式次第は、刷新された「入信準備制度」の内容を具体的に示す。①「順次に行われる聖なる儀式」、②「適確な教育」によって構成され、入信者の「聖化」を目的とする。

■洗礼のプロセスの目的は聖化だが、第一は入信者の聖化、第二は共同体全体の聖化。共同体は入信者を助けるだけでなく、彼らとともに神の恵みを受ける立場にもなる。

■一定の期間を締めくくる儀式を共同体のうちに繰り返して行うということは、信仰を「旅=プロセス」として捉えるところに特徴がある。

■洗礼時に与えられる恵みは教育の期間と儀式とに本質的につながる。恵みとは神の愛そのものなので、受け入れる人間の自覚した受託により初めて目に見える形で表れる。

■入信式が、共同体性と長いプロセスとを特徴とする理由は、神の恵みに応えていく人間の順応性を考慮したことにある。

■『使徒伝承』の伝統に従って作られた現行の「入信準備制度」は、基本的に二つの軸を基にする。一つは、典礼暦を中心とする時間軸、もう一つは、教会共同体全体を中心とする空間軸。

■人間の情緒的、知的、倫理的、宗教的な成長や成熟は一生をかけて徐々に起こる現象であり、共同体性が大切。人間は身体的な存在であるということが前提。

■神の恵みはただ頭だけではなく、心と体に深く受肉して初めて本物になる。

■ペトロは、神の恵みを受け入れる人間の態度を三つの次元で示す。第一に人間はまず悔い改め（回心）が必要、第二に洗礼によって赦しを受ける、第三に洗礼によって入信者も聖霊を賜物として受ける。

■使徒言行録の信者の生活の特徴は、①交わり・友情、②祈り、③パンを裂くこと、④使徒の教え。

■洗礼の共同体性についてもっともよく記すパウロは、福音の本質である思想の一つ、「奉仕」について語る。そのカリスマは、信仰の賜物・異言の賜物・識別の賜物・預言の賜物・教師の賜物・癒しの賜物・行動の賜物である。

■第二バチカン公会議の入信理解は、聖書の源泉に戻ることによって教会のあり方に決定的な変化をもたらした。信徒使徒職が再発見され、洗礼によるキリストの祭司職、王職、預言職に参加するという考えになっている。

聖パウロ（？- 65?）

異邦人の使徒と呼ばれる聖パウロは、正統派ユダヤ教に属している家庭に生まれた。ギリシア語で文章を書くことができ、周囲の異教の文化をはじめ、ギリシア神話、国家的宗教行事、密儀、ストア学派、キュニコス学派（犬儒学派）、エピクロス学派の哲学、文学作品の知識があったことも読み取れる。当時のタルソスは文化活動の中心地の一つであり、特に学校は有名で、ローマ市民権をもつユダヤ教徒の子弟にも門戸が開かれていた。そのため、ギリシア語の読み書きや修辞学、弁証学の基本的訓練を受け、異邦人社会で社会的地位を獲得するのに充分な教育を受けることができる背景があったとみられる。

（『新カトリック大辞典』参照）

第3章　四旬節の典礼と洗礼志願者（入信志願者）

入信の秘跡における二つの軸

この章では、四旬節、すなわち復活祭を迎えるための準備の季節と、その流れに沿って行われる洗礼志願者（入信志願者、以下略）のための式と入信式の関連について学びましょう。そこで「暦」史的な事柄とその背景にどのような教会の信仰が込められているかということについてお話ししたいと思います。

教会は、典礼暦を通してキリストによる新しい過越の完成を記念するわけですが、その展開には二つの軸（要）があります。一つは待降節と降誕節（顕現周期）であり、もう一つは四旬節と復活節（過越周期）です。主の復活を祝う復活祭と復活節に対して、復活を迎えるための準備の季節である四旬節、そして降誕祭、さらに待降節はあとから付加されました。

『ローマ・ミサ典礼書の総則』の16項は、「ミサの祭儀は、キリストの行為であり、……キリスト者の生活全体の中心である」と述べています。ナザレのイエスこそキリストだという信仰告白を弟子たちから受け継ぎ、その主の復活を祝い続けることは信仰生活の基本です。従って、私たちは、何を、どのように、なぜ祝うのかを踏まえる必要があります。そのすべてが集約されているのが主日の典礼です。神学的な言い方をすると、主日ごとに私たちは新しい過越を祝っているのです。

典礼暦の役割

そのためには、典礼暦の意味を理解することが重要です。暦はキリスト教徒固有のものではありません。ヘブライ暦、ユダヤ教暦では週を一から七まで数え終わると週の初めに来ます。使徒言行録ではその第一日のことを八日目とも言っています。この日のことを週の第一日とか、八日後の同じ日にとかいろいろな名称を使っているのは、まだこの日の呼び方が一定していなかったことを示しています。初期のキリスト者が、一週間を七日とするのは、ヘブライ暦、ユダヤ教暦から来ています。

古代ユダヤ教も唯一絶対の神を信じる信仰をもっていたわけですが、イエスはその方を父として、その思いを受け、それを人々にのべ伝える使命を受け、十字架への道を歩まれました。このキリストの死と、復活は別のことではありません。イエスはヘブライ人・ユダヤ教徒の一人として弟子たちとともに、先祖が守ってきた礼拝を行っていました。安息日ごとに集まってモーセ五書に耳を傾け、私たちがミサのことばの典礼で福音を中心にして耳を澄ますように、イエスもそうなさいました。そして、一日を七回に分けて、詩編を中心に絶えず祈っていたのです。こうしたすべてのことはヘブライ人的な信仰表現です。その礼拝は信仰を言葉だけではなく、生活をもって表すということです。

過越の記念

かつては、主である神はモーセに、年に一度春先に、過越の出来事を記念するために必ずこのように食事をしなさいと伝えました（出エジプト12・1－28参照）。そして、モーセに率いられる民は、毎年その季節に、彼らの信仰の原点となる旧約の過越を祝う過越祭を行いました。イエスも弟子たちとともにこの祭りを守っていたわけです。従って、イエスの過越は、モーセの時の過越から切り離されていません。これを足台として、その上で自分たちの新しい信仰観に基づく実践を生み出したのです。

主の再臨

主日は、常にこの新しい過越の祝いですが、当初は、主日という言葉はありませんでした。「週の初めの日」すなわち「週の第一日」とか「八日ごとに」などと言っていました。パウロの書簡では、何回も「主の日」という言葉が使われています。でも、この主の日というのは八日ごとの主日のことではありません。主の再臨を意味しています。主の再臨は、旧約の過越がキリストの過越によって塗り替えられ、新しい過越とされていくことを示すものです。私たちの信仰理解にとって最も重要なことです。

「主が来られるまで」

ところで、典礼暦上、復活節は聖霊降臨をもって終わりますが、復活の記念は実際には終わりません。なぜなら、主の過越を祝う八日ごとの集いは、絶えず繰り返されるからです。ヘブライ人、ユダヤ教徒にとって繰り返し来るのは安息日（サバト）です。七日の中の一番軸になるもので、週の最初の日であり、終わりの日でもあるのです。彼らはそのリズムを正確に守っています。キリスト者もそれを正確に守る必要があるということを、パウロは何度も強調しています。つまり、パウロは「主の日」とか「八日後」というときに、常に「主が来られるまで」を意識する終末論的発想が土台にあります。この終末論的観点は、教会の典礼暦を理解するうえで大変重要なポイントになります。

主日と太陽の日

やがて、一世紀末から二世紀初めのころ、福音史家ヨハネへの黙示（黙示録）では、一連の祈りの集いに言及し、それが主の日のことだったと書かれています（黙示録1・10）。二世紀半ばになると、ローマ教会の殉教者ユスティノスという素晴らしい聖人が登場します。彼は護教論の書を執筆し、その日のことを「太陽の日」といいます。その日は、信者たちはそれぞれ家や職場や畑などから離れて一つの場所に集まり、みことばに耳を傾け、使徒たちの証言やイエスご自身の言葉、そして供えられたパンとぶどう酒に賛美と感謝の祈りを唱えて、皆でそれを食べ合った。そして賛美の歌を歌ったと記しています（『第一弁明』67章）。

この太陽の日という言い方には、当時のローマの人々にとっては、太陽は、「ソル・インヴィクトゥス」（不敗の太陽神）として崇《あが》められていたことが反映されているようです。

待降節　キリストの来臨を待ち望む・降誕の準備期間

「待降節第一主日」から典礼暦の一年が始まります。約四週間あり、「主の降誕」の前晩の祈りの前までが待降節となります。

降誕節　キリストの降誕と公現を記念する期間

「主の降誕」から「主の洗礼」までの約二週間が降誕節です。

年　間

年間は、一月六日直後の主日の次にくる月曜日から始まり、四旬節前の火曜日まで続きます。

四旬節　キリストの受難と復活にあずかる入信準備と回心の期間

「灰の水曜日」から四旬節が始まります。「聖木曜日・主の晩さんの夕べのミサ」の前まで続きます。四旬節の主日には「四旬節第一主日」から「四旬節第五主日」までの各主日と、聖週間の始まる第六の主日である「受難の主日（枝の主日）」があります。

聖週間・聖なる過越の三日間　一年の典礼暦の頂点

「受難の主日」から「聖土曜日」までの一週間が聖週間です。典礼色は「受難の主日」が赤、「受難の月曜日」から「受難の木曜日」の昼の祈りまでが紫です。続いて、聖なる過越の三日間の「聖木曜日・主の晩さんの夕べのミサ」が白、「聖金曜日」が赤、「聖土曜日」は紫となります。

復活節　キリストの復活とその栄光を祝う期間

「復活の主日」の典礼である「復活の聖なる徹夜祭」から復活節が始まります。「聖霊降臨の主日」までの五〇日間です。

年　間

「聖霊降臨の主日」の翌日からまた年間が始まり、最後の主日は「王であるキリスト」で、この主日から始まる週の「待降節第一主日」の前晩の祈りの前に典礼暦の一年が完了します。

キリスト者にとっては、御父である神がみことばを発することによって光と闇を分けられ、そこから創造が始まることが（創世記1・3－5参照）、この呼び名によって思い起こされます。このように、主日は主の過越の記念であり、それは新しい創造の祝いでもあり、終末における主の再臨を待ち臨む祈りでもあります。この主の過越ということが、今回のテーマである四旬節、そして復活祭を理解するための要となるのです。

四旬節の形成と普及

古代教会において四旬節がかたちづくられたのはそれが洗礼志願者のための典礼の季節だったからです。当初はシリアとエジプト、特にアレキサンドリアの教会で、イエスが荒れ野に退いて、四〇日四〇夜、断食しながら悪の誘惑に打ち勝ったことにあやかりたいと四〇日間の断食が始まったといわれています。これがアンティオキアの教会に、ひいては東方教会の影響によって西方教会に四旬節が広まって定着していきます。

こうして、復活をよく祝うための準備として回心が徹底的に必要という考えから、それをすべてのキリスト者とすべての洗礼志願者との回心、そして罪によって意図的に神から離れたがもう一度回心をしたいと思う人々に積極的に手を差し伸べるという三つの目的で四旬節が形成されたのです。

ローマ教会では九世紀から一〇世紀にかけて四旬節が定着するようになったといわれています。その際、四〇日の数え方の関係から四旬節第一主日の前に四日組み入れるために灰の水曜日が始まりました。旧約聖書に記されているように、祭司たちが幕屋に入る前に全身を清めるという習慣、あるいは自分と家族の罪を認め、神のみ前でゆるしを願うために全身に灰をうける（あるいは粗布を身にまとう、地に伏すなど）習慣が修道院の典礼に受け入れられ、やがて信徒にも影響が及びました。

四旬節と聖週間

『典礼暦年の一般原則』では「四旬節の初めにあたる水曜日は、どこでも断食の日とされ、その日に灰の式が行われる」(29)、「四旬節の主日は、四旬節第一、第二、第三、第四、第五主日と呼ぶ。聖週間の始まる第六の主日は、『受難の主日（枝の主日）』という」(30)と述べられています。

四旬節は、こうして聖週間も含めると六週間あります。そして聖週間の始まりの主日は枝の主日とも呼ばれる受難の主日です。キリストの受難の朗読がなされ、聖週間が始まるのです。聖週間の最後の三日間は、聖木曜日、聖金曜日、聖土曜日と言います。それほどに聖なる、大切にすべき日であるのは、私たちの救いの源がここにあるからであり、その思いから「聖」という語を付けているのです。そのため、この時期に洗礼を授けることが教会にとって重要であることが、古代教会から認識され、実際に行われていました。

聖なる過越の三日間

聖なる過越の三日間は正確には聖木曜日から聖金曜日までが第一日、聖金曜日の日没からが第二日（聖土曜日）、そして、聖土曜日の日没からは第三日の復活の主日が復活徹夜祭をもって始まります。こうして三日目に主が復活したことを祝うのです。

三日間の中で聖木曜日には主の晩餐を記念する夕べのミサがありますが、それだけではなく、午前に聖香油のミサがあり、そこでは祭司職の制定が記念されます。従って、この日には祭司職の制定と聖体の制定の記念が二つの目的をなしているのです。この大切な日に、病床にある兄弟姉妹がいることも忘れないで祈り続けること、そして自分がミサに参加できることへの感謝を忘れないことが大切です。聖金曜日は受難朗読があり、キリストの受難と死を思い起こし、どうして、あそこまで苦しまれたのかを思い起こす典礼です。

一年間の典礼暦と典礼色

「紫」は回心・節制・待望、「白」は純潔・栄光・喜び、「緑」は成長・希望・生命、「赤」は聖霊の炎・殉教者の血などを表し、祭日、祝日、記念日によっても典礼色が変わります。

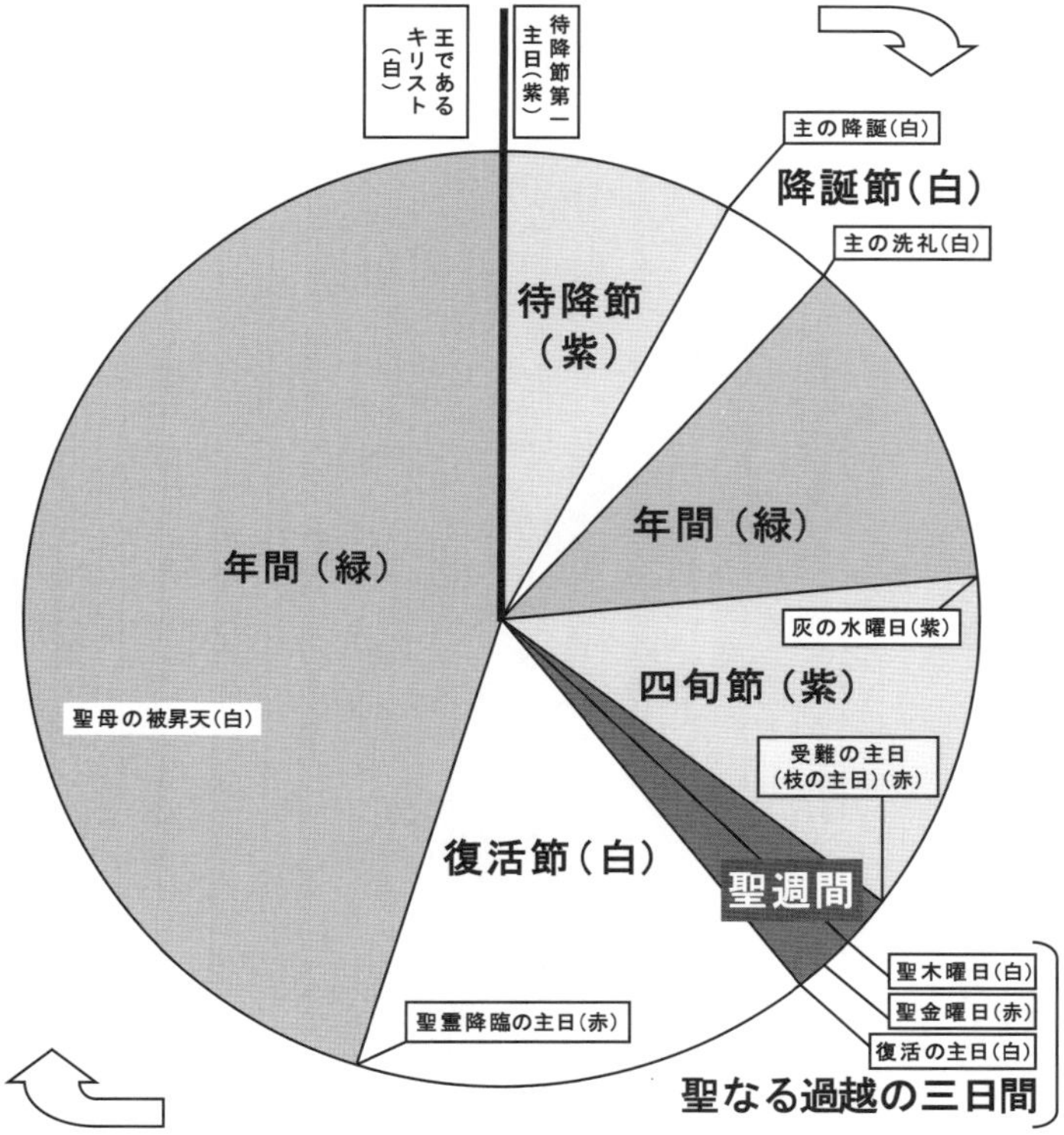

この日にも、病床にある兄弟姉妹を思いながら祈る必要もあります。病気は、神学的に言えば、アダム以来の古い傷、原罪の結果でしょう。私たちが洗礼を受けてキリストに従う者になったとしても、やはり弱い存在であることをともに見つめるのです。

断食の意義

この四旬節中に信者一人ひとりが忘れてはならない大切なことは、神のみ前でまことの回心を望むということです。思いだけではなく、私自身の生き方における、自分を神におささげするという意味での回心を行うことです。四旬節は、洗礼によって受けたいのちの回復を願う重要な季節です。

『典礼暦年の一般原則』によると、「四旬節は、復活の祭儀を準備するために設けられている。四旬節の典礼によって、洗礼志願者はキリスト教入信の諸段階を通して、また、信者はすでに受けた洗礼の記念と償いのわざを通して、過越の神秘の祭儀に備えるのである」(27)とあります。

自らを新たにする決意でこの期間を過ごすために、古代のキリスト教徒はどのようにしていたかというと、その最も典型的な宗教行為は断食でした。ですから四旬節の始まりにあたる灰の水曜日の福音は、イエスが、善行、断食、祈りについて述べる教え（マタイ6・1－6、16－18）が読まれます。

まことの回心

この断食の実践に関しては、時代によって解釈の仕方が随分と変わっていきます。たとえば九〇〇年も前のフランシスコ会の修道士たちは、自分には大変厳しくするが、一般の人には厳しくしないという慣例がありました。一般の方がいろいろな労働についていて、断食などができないとき、フランシスコ会員はその人々のために絶えず自発的に断食をするのです。四〇日四〇夜の断食、それでも足りないといって増やすこともありました。

四旬節に大切なことは、まことの回心、信仰心の回復を願い、実践することです。それは断食よりも大事なことです。しかも意図して意識して行うことです。この場合、全キリスト者の回心を目指すのはもちろんです。東方教会も西方教会も一六世紀の宗教改革によって分離した兄弟たちにとっても同じです。

洗礼志願者の回心

四旬節は第一に全キリスト者の回心を目指しますが、第二には特に洗礼志願者の回心が大きなテーマです。洗礼志願者は、まさに、放蕩息子やマグダラのマリアのように、本当に目に見えるかたちで回心をする存在です。自分を心身ともに一新させたいという思いが強まったからこそ教会に来て、カテケージスを受けながら長い時間をかけて回心していきます。

洗礼志願者のことをローマ教会は、エレクティ（選ばれた者）と呼ぶ伝統がありました。「選ぶ」という動詞から来る、やや法的なニュアンスの用語が典礼でも使われるのです。他方、東方教会、ギリシア典礼では光を意味するルーメンを使って、イルミナンテ（照らされた者）という言い方を用いています。

四旬節第二主日の意味

さて、四旬節の始まりには、灰の水曜日の福音や四旬節第一主日の福音で断食のことが触れられますが、第二主日になるとそれは触れられず、また第一主日は洗礼志願式を行うのがふさわしいとされていても、第二主日は洗礼志願者のためということはいっさい出てきません。公式祈願でも共同祈願でもです。なぜなのでしょうか。

四旬節第二主日の福音は主の変容の場面です。三人の弟子だけを連れて高い山にのぼり、彼らの目の前で、突然、主の姿全体が白くなったという場面です。実は、この日が入ったことから四旬節第五主日が加わったという面があるのです。

主の受難と復活という一連の壮大な救いの出来事を一括して記念するのは大変難しいことです。そこで、四旬節第一主日（福音はイエスが誘惑を受ける箇所）では、受難の道に入っていることを自覚しているのはイエスだけであり、イエスは、弟子たちがそれについて来られないということもわかっています。従って、第二主日では、これから自分が受ける苦難と死の出来事に耐えられるようにと、あらかじめヤコブ、ヨハネ、ペトロ三人にのみそれを話します。それでこの主日には洗礼志願者のことは休みになるのです。

洗礼志願者のための典礼

次の四旬節第三、第四、第五主日には、洗礼志願者のための典礼が行われることになります。本来は、これらの主日におけるヨハネ福音書を中心とした朗読（A年の四旬節の典礼）が、洗礼志願者のための典礼のニュアンスを示しています。福音朗読が特に決定的です。

第三主日では水、第四主日では光、第五主日ではいのち、となっています。それぞれが重要なテーマで、第三主日のテーマは水。洗礼を受ける人は水によって洗われ、清いものとなります。それはイエス自身が与えると言われた水であり、それが永遠のいのちに至る水の源泉となると明言されます。

四旬節第三主日　「テーマ　水」（福音朗読　ヨハネ4・5－42）

解放を求める祈り

司　あわれみ深い神よ、
あなたは　すべての罪びとに救いの手を　さしのべ、
サマリアの婦人を導いてくださいました。
今、秘跡によって　あなたの子とされることを望む志願者を顧み、
罪の重荷と悪の　きずなから解放し、すべての危険から守ってください。
いつも平和と喜びのうちに　あなたに仕え、
永遠に賛美と感謝を　ささげることができますように。
わたしたちの主イエス・キリストによって。

一同　アーメン

（カトリック儀式書　『成人のキリスト教入信式』洗礼志願者のための典礼―清めと照らしより）

第四主日は光。生まれながらに目の見えない青年の話です。光は水と同じく、重要なものであり、究極的にはイエス自身が光です。

四旬節第四主日

「テーマ　光」（福音朗読　ヨハネ9・1-41）

解放を求める祈り

司　光の源である神よ、
あなたは御子キリストの死と復活によって、いつわりと憎しみの　やみを破り、
真理と愛の光を　わたしたちの上に注いでくださいました。
あなたに選ばれた洗礼志願者が　やみから光に移り、
暗闇の力から解放されて、いつも光の子として歩むことができますように。
わたしたちの主イエス・キリストによって。

一同　アーメン

（カトリック儀式書『成人のキリスト教入信式』同）

最後に第五で、いのち。イエス自身が、いのちのシンボルになっています。アダムは塵《ちり》で造られ、神によって鼻から息を吹き込まれることによって動く者となりました。同様にラザロはイエスに呼び出されると動く（生きる）者となるのです。こうして私たちもイエスのいのちのことばによって生きるようになります。

四旬節第五主日　「テーマ　いのち」（福音朗読　ヨハネ11・1－45）

解放を求める祈り

司　いのちの源である父よ、
あなたの栄光は人の生きる姿のうちに現され、
あなたの全能は死者の復活のうちに示されます。
洗礼によって　まことの　いのちを受ける人々を、
罪の　きずなと悪の力から解放してください。
御子キリストに従う者となり、復活の力を知って、

あなたの栄光の　あかしとなることができますように。
わたしたちの主イエス・キリストによって。

一同　アーメン

（カトリック儀式書『成人のキリスト教入信式』同）

このようなニュアンスを含めて、洗礼志願者とともに信者すべてが聖書を読んで黙想することが大切です。そのために、聖霊が注がれ働いているのです。

◆キーワードとポイント◆

■教会は、典礼暦を通してキリストによる新しい過越の完成を記念する。その展開には二つの軸（要）があり、一つは待降節と降誕節（顕現周期）、もう一つは四旬節と復活節（過越周期）。主の復活を祝う復活祭と復活節に対して、復活を迎えるための準備の季節である四旬節、そして降誕祭、さらに待降節はあとから付加。

■初期のキリスト者が一週間を七日とするのは、ヘブライ暦、ユダヤ教暦から。安息日ごとに集まり、モーセ五書に耳を傾け、一日七回絶えず祈っていた。生活をもって表す礼拝。

■主である神はモーセに、年に一度春先に、過越の出来事を記念するよう伝えた。主日は常にこの新しい過越の祝いであり、主の再臨を意味する。主の再臨は、旧約の過越がキリストの過越によって塗り替えられ、新しい過越とされていくことを示す。

■復活節は聖霊降臨をもって終わるが、復活の記念は実際には終わらない。ヘブライ人、ユダヤ教徒にとって繰り返し来るのは安息日（サバト）。週の最初の日であり、終わりの日。常に「主が来られるまで」を意識する終末論的発想が土台。

■四旬節がかたちづくられたのは、洗礼志願者（入信志願者、以下略）のための典礼の季節だったから。イエスが荒れ野に退いて断食しながら悪の誘惑に打ち勝ったことにあやかりたいと四〇日間の断食が始まった。これが西方教会に広まって定着。

■復活をよく祝うための準備として回心が徹底的に必要という考えから、すべてのキリスト者とすべての洗礼志願者との回心、そして罪によって意図的に神から離れたが、もう一度回心をしたいと思う人々に手を差し伸べる三つの目的で四旬節が形成。
■四旬節は、聖週間も含めると六週間。聖週間の始まりの主日は枝の主日とも呼ばれる受難の主日。聖週間の最後の三日間は、聖木曜日、聖金曜日、聖土曜日。救いの源がここにあるからであり、その思いから「聖」という語を付ける。
■四旬節は、洗礼によって受けたいのちの回復を願う重要な季節。自分を神におささげするという意味での回心を行うこと。
■四旬節は第一に全キリスト者の回心を目指すが、第二には特に洗礼志願者の回心が大きなテーマ。洗礼志願者は目に見えるかたちで回心をする存在。洗礼志願者のことをローマ教会は、エレクティ（選ばれた者）と呼ぶ伝統があった。
■四旬節第一主日は洗礼志願式がある。四旬節第二主日では、とくに洗礼志願者のためにということはない。
■四旬節第三主日は水、第四主日では光、第五主日ではいのちをテーマにした洗礼志願者のための典礼が行われる。

じて知られていた文書として、ヒッポリュトスという人物とその時代とは切り離して研究されるようになっている（*The Apostolic Tradition: A Commentary* 参照）。

ただ、こうした最近の研究の発展のためにもボットの研究が重要な段階をなしていることは確かですので、前述の邦訳書は今もなお有益な参考文献です。

The Apostolic Tradition: A Commentary
Author: Harold W. Attridge (Editor)
Paul F. Bradshaw (Author)
Maxwell E. Johnson (Author)
L. Edward Phillips (Author)

『使徒伝承』をめぐる最近の研究

本書でたびたび言及される『使徒伝承』（トラディチオ・アポストリカ）について、著者は３世紀初めのローマの司祭ローマのヒッポリュトスであるとの説が長く有力であった。

20世紀半ばから後半、第二バチカン公会議前後の典礼学研究では、３世紀初めの教会生活や典礼の様子を伝える文書として『使徒伝承』がよく引用され、また第二バチカン公会議語の典礼刷新（ミサ典礼書の第二奉献文、成人のキリスト教入信式の構成、司教・司祭・助祭各叙階式の祈りなど）に大きな影響を及ぼした。

これについては、ベルギーの典礼学者ベルナール・ボット（1893 ~ 1980）の批判版『聖ヒッポリュトスの使徒伝承』（1963）が規準的研究書となり、日本でも土屋吉正師によって翻訳されている（オリエンス宗教研究所　1987）。

ところが、20世紀末からはヒッポリュトスの著者性や３世紀初めという時代性に関しては否定な見解が有力となっています。実は、ボットの批判版自身この『使徒伝承』が古代教会の文書の中に含まれている共通資料であることをよく解説していた。

今ではその点がさらに重視され、広く２世紀から４世紀までの東西の教会において、またその後も多様な写本を通

第4章　堅信の秘跡の豊かさ

「堅信の秘跡」への新たな光

堅信の秘跡は、残念ながら、洗礼と聖体の秘跡ほどには味わわれていません。多くの信者はいろいろな理由で、この秘跡を受けていなくても特に気にはしません。また、主日のホミリア（説教）では堅信の恵みに言及することはほとんどありません。司教が小教区を訪れる時に、幼年期や少年期に洗礼を受けた信者を呼び集めようとする時ぐらいではないでしょうか。

しかし、司教が小教区を訪れるのは二、三年に一回程度しかありませんので、その間、堅信を待つことになります。二、三年も待たされていいのなら、この秘跡がキリストとともに生きるために必要だとは思いにくくなります。また、堅信の秘跡の恵みが信仰を強めることだけであるとすれば、堅信以外にも信仰を強める方法は他にあるのではないでしょうか。「洗礼を受けた時に聖霊をいただいたのではないか、ミサにあずかる時も、聖霊に満たされるのではないか」と言われることもあります。

幸いに、第二バチカン公会議で入信の秘跡（洗礼、堅信、聖体）の相互の関連性が強調されたこと、また、堅信の秘跡の「通常の執行者」（『カトリック新教会法典』以下『教会法典』と略、第882条）が司教であることを改めて教えてくれたことによって、堅信に新しい光が当てられました（後述）。ちなみに、司祭は、復活徹夜祭に洗礼と同時に堅信が授けられる場合と、司教から特別許可を与えられた場合にのみ堅信を授けることができる臨時の執行者です。

そこで、これから司教が堅信の「通常の執行者」であることと、入信の秘跡の一つである堅信が、ほかの二つの入信の秘跡である洗礼と聖体の秘跡と、どのような関係を持っているか考えていきたいと思います。そうすれば堅信の時に受ける聖霊の賜物が何であるかがよく見えてくるでしょう。

歴史における堅信の理解の変遷

まず、第二バチカン公会議が堅信に与えた光をよく理解するために、歴史の中で神学者が堅信の秘跡についてどのように理解していたかについて簡単に見てみましょう。

初代教会では堅信が洗礼とは別の秘跡だったことを証明するために、新約聖書のいくつかの箇所がよく使われることがあります。例えば、サマリアの教会でペトロとヨハネが（使徒言行録8・15－18）、エフェソの教会でパウロが（使徒言行録19・5－7）洗礼を受けていた信者に聖霊を授けた箇所があげられます。

しかしこのことは、堅信の秘跡が洗礼の秘跡とは別に考えられていたことの証明にはなりません。それは使徒と関係なくできた信者の団体が、「大きい教会」に結ばれるために、使徒の按手が必要だったからだと思われるからです。

四世紀までは、入信の秘跡は司教座聖堂で行われていました。司祭によって洗礼を受けた者に、司教は按手をしました。その時はまだ、洗礼と堅信の区別は考えられていませんでした。司教は洗礼を司祭に授けさせて、自分自身は受洗者を完全な信者にするために、按手により聖霊を授けていたのです。そのことが洗礼の完成と思われていたのです。

西方典礼と東方典礼

ラテン典礼を初めとする西方典礼の教会では、地方の教会が増えてくるにつれて、司教が入信の秘跡を授けるためにすべての教会には行くことができなくなり、洗礼は地方の教会で司祭によって授けられるようになりました。しかし、教会の完全な信者になるためには、どうしても司教から聖霊の賜物を受ける必要がありましたから、いつかは司教座へ行かなければならないと定められました。そのために、入信の秘跡における相互関係は見えなくなって、堅信の独自の意味を考えるようになります。

ビザンティン典礼を初めとする東方典礼の教会では、入信の秘跡での相互関係を重んじて、司教は洗礼を授けた司祭に堅信を授ける権能を委任します。しかし司教との関係を表すために、堅信の聖香油は司教によって祝福されなければならないという掟ができました。幼児は、洗礼とともに堅信と聖体も授けられます。

西方典礼の教会では、洗礼と司教の按手あるいは聖香油の塗油が別々になりましたので、神学者はいろいろと迷いました。神学者はその歴史を詳しく研究していますが、ここではいくつかの例だけを挙げてみましょう。

西方典礼における発展

リエのファウスト（四一〇頃－四九五頃）は、堅信の恵みは道徳的な戦いのための力を与えて、キリストの兵士にすると言っています。東西教会が一〇五四年の相互破門によって「大スキスマ」と呼ばれる状態になって分裂した後の時代には、西方典礼の教会では堅信の洗礼との絆を忘れてしまいました。

インノケンティウス三世（在位一一九八－一二一六）にとっては、堅信の恵みは霊的生活の成長と霊的力でした。フィレンツェ公会議（一四三九）によって、堅信は、使徒たちが聖霊降臨の日に受けた聖霊の恵みを、受堅者も同じように受けることにより、キリストの名を告げる力を与えます。カルロ・ボロメオ（一五三八－一五八四）によると、堅信は肉の攻撃に抵抗する恵みを与えます。二〇世紀になると、堅信はカトリック・アクション（信徒の組織的使徒職）のための秘跡として宣教の秘跡になるので、決意できる信者だけに授けられるような傾向が見えてきます。そして、聖霊の恵みよりも秘跡を受ける人の決意を重んじるようになります。

日本の典礼

日本の教会は一九四八年に、すなわち第二バチカン公会議の少し前に、再版された『公教要理』の中で次のように述べています。「堅信とは、完全なキリスト信者とならせるために、聖霊とその賜物とを豊かに受けさせる秘跡であります」、「聖霊の賜物とは、聖寵のすすめにたやすく速やかに従わせるために、人の知恵を照らし、心を強める、特に優れた超自然の御恵みであります」(『公教要理』410、411)。このように、個人的な霊的生活の支えとなることを強調するようになります。

これまで見てきたように、堅信が洗礼の信仰を強めるという秘跡であるならば、いろいろな説明があり得るでしょう。しかし、幸いに第二バチカン公会議は堅信に新しい光をもたらしてくれました。

第二バチカン公会議の教え

これから、第二バチカン公会議の教えに従って、「堅信は入信の秘跡の一つである」ことを考えると同時に、司教が堅信の「通常の執行者」(『教会法典』訳による)、「本来的な役務者」(『第二バチカン公会議公文書』改訂公式訳による)であることを考えていきたいと思います。第二バチカン公会議がこの二つの点を教えたことによって、堅信の理解がより一層深められたからです(『典礼憲章』71、『教会憲章』26参照)。

入信の秘跡の中での堅信の地位

ヨーロッパでは、第二バチカン公会議以前から、成人の洗礼とその準備期間についての研究が進んでいました。公会議はその運動を支持し、成人の入信準備期を復興させました（『典礼憲章』64）。そして、一九七二年には「『成人のキリスト教入信式』儀式書ラテン語規範版」が新しく公布されました。その儀式書は『典礼憲章』の教えそのままです。初代教会に倣って、「洗礼、堅信、聖体は入信の秘跡である」と強調しています。

堅信は聖体の前に位置付けられたのです（『成人のキリスト教入信式』の「入信の秘跡の緒言」4参照）。この関係を明らかにするために、これから、堅信は洗礼の完成であること、そして聖体の秘跡の適切な準備であることを考えてみたいと思います。

洗礼の完成である堅信

1. 堅信の通常の執行者である司教

秘跡の執行者は秘跡のシンボルの一つの部分です。堅信の通常の執行者は司祭ではなく、

洗礼の秘跡のポイント

■すべての洗礼志願者には、信仰宣言が求められます。信仰宣言は、大人の場合には、本人によって、幼児の場合には、両親か教会によって表明されます。さらに、代父母と教会共同体全体は、洗礼準備について、また同じように、信仰と洗礼の恵みを開花させることについても責任の一端を担っています。

■洗礼は人を新しい人間に生まれ変わらせ、義とし、神のいのちにあずかる者とする恵みを与えます。洗礼を受けた者はキリストのからだの肢体、また教会の一員となり、「選ばれた民、王の系統を引く祭司、聖なる国民、神のものとなった民」とされ、キリストの祭司職にあずかる者とされます。

■洗礼の恵みはすべての罪と罰のゆるし、すなわち原罪と自罪およびその罰のゆるしをもたらします。しかし、罪がゆるされても罪への傾きという人間の弱さは残ります。

司教であることを考える必要があります。司教は、司教叙階によって与えられた権能により、司教のみが執行できる二つの秘跡を授けます。それは、堅信と叙階です。司教はその秘跡を授けることによって、信者に、教会の中に新しい場を与えることになります。司教は堅信の秘跡の執行を司祭に委任することができますが、それによって司祭が堅信を授ける時は、司祭叙階の権威によって堅信を授けるのではなく、司教の委任によって授けるのです。

洗礼の時から受洗者は教会の一員になっていることはもちろんのことです。入門の段階から求道者として教会の一員となり、入信志願の段階では共同体の代表を務める代父母の推薦を受けて、入信の秘跡を受ける資格がある者として教会に認められ、洗礼によって教会の完全な一員となります。さらに堅信によって聖霊降臨の恵みを受けて、教会の使命に協力する者になります。入門式から堅信を受けるまでの間に教会の一員である資格が深められるのです。

受洗する者は自分がイエスの死と復活にあずかり、罪が赦され、神の子と聖霊の神殿になると信じ、自分の救いについて心は感謝で満たされています。しかし、司教から堅信を受ける時、教会の中で新しい使命が与えられ、その使命を果たすために聖霊の力を受けま

堅信の秘跡のポイント　①

■洗礼・堅信・聖体の秘跡がキリスト教入信の秘跡。堅信の「本来の役務者」は司教ですが、必要な場合には司祭に堅信を授ける権限を与えることができます。

■堅信とは、神の子とされたキリスト者を聖霊降臨の恵みにあずからせ、洗礼によって新たに生まれた者を勇気あるキリストの使徒とする秘跡です。この堅信の秘跡によって聖霊のたまものが豊かに与えられ特別に力あるものとされます。

■霊魂には消えない霊印（カラクテル）が刻みつけられ、より完全に教会と結ばれ、キリストの復活の証人として、ことばと行いによって福音をのべ伝え、この世界と社会を聖化し、福音化するために働く恵みが与えられます。

■堅信の秘跡において重要なしるしは按手と塗油です。油は聖霊の恵みの豊かさ、強さ、喜びを表すしるしです。

す。堅信の秘跡を受けることは自分のためだけではなく、周りの人のためでもあります。その意味で、堅信は洗礼の完成であるということが分かります（『教会法典』第879条、『教会憲章』26参照）。

2. 司教の按手

堅信の秘跡を受けることが自分のためだけではなく、周りの人のためでもあるということは堅信の典礼の流れの中で、秘跡のシンボルである按手と聖香油の塗油を理解することによって見ることができます。

まず按手について考えましょう。堅信と叙階の秘跡の時に、司教は秘跡を受ける人に按手します。それは教会の使命にあずからせるためのシンボルです。この秘跡を受ける人は、この使命を果たすことができるように、知恵と理解、判断と勇気、神を知る恵み、神を愛し敬う心という聖霊の賜物を願います。受堅者はキリストの証し人になります。「あなたがたの上に聖霊が降ると、あなたがたは力を受ける。そして、エルサレムばかりでなく、ユダヤとサマリアの全土で、また、地の果てに至るまで、わたしの証人となる」（使徒言行録1・8）。

堅信の秘跡のポイント　②

■堅信の秘跡を授ける祭儀の中でもっとも中心的な部分は、司式者（司教あるいは司祭）が按手しながら受堅者の額に行う聖香油の塗油と、その際に唱える「父のたまものである聖霊のしるしを受けなさい」ということばです。

■その直前に、聖霊の働きを願う祈り（エピクレシス）が行われます。この祈りにおいて、司教あるいは司祭は、受堅者全員に手を差し伸べて、聖霊が豊かに注がれて、聖霊の七つのたまものが与えられるよう次のように祈ります。

「全能の神、主イエス・キリストの父よ、
あなたは水と霊によって
この人々に新しいいのちを与え、罪から解放してくださいました。
今、この人々の上に、助け主である聖霊を送り、
知恵と理解、判断と勇気、神を知る恵み、神を愛し敬う心をお与えください」。

3. 聖香油の塗油

司教または司教の委任を受けて司祭が聖香油を塗ることは、キリストの使命を続ける教会の使命に、受堅者が新しく教会的地位とそれに伴う恵みが与えられることを意味します。キリストの使命は伝統的に預言者、牧者、祭司の使命として考えられています。旧約時代には、祭司と王（民の牧者）がその役割を神からいただいたこと、また神の助けによってその使命が果たせることを示すために塗油されてきました。預言者は、イザヤが言ったように、直接に神から油を注がれました。「主はわたしに油を注ぎ、主なる神の霊がわたしをとらえた。わたしを遣わして、貧しい人に良い知らせを伝えさせるために。打ち砕かれた心を包み、捕らわれ人には自由を、つながれている人には解放を告知させるために」（イザヤ61・1）。イエスは唯一の祭司であり、また牧者、預言者です。「イエス・キリスト」は「油を注がれたイエス」という意味です。

受堅者は、堅信の聖香油を塗油されることによって教会の使命にあずかる者とされるので、堅信は洗礼の完成であることは明らかです。洗礼はキリストの内に誕生する秘跡であって、堅信はキリストのうちに成長する秘跡です。成長しない誕生はあるでしょうか。

4．堅信の秘跡と司教との結び付きの重要性

復活徹夜祭に執り行われる成人の入信式の時に、司祭が堅信を授けるようになったことを喜びながらも、堅信の秘跡を司教から受けることが少なくなってしまったことで、司教が堅信の秘跡の通常の執行者である意味が薄くなってきたと言わざるを得ません。

司祭が司教の委任を受けて入信の秘跡を授ける時、司教との結び付きを表す方法を考えなければなりません。聖香油を重んじることはその一つの方法です。具体的には、ミサの入堂の時に、司式司祭の前に丁寧に聖香油を侍者に持たせて、祭壇に着いたら、この聖香油が司祭団に囲まれて司教が祝福なさったものであることを告げて、特別な机に置くことが考えられます。

以上のことをまとめましょう。洗礼は神の本性にあずからせる秘跡（『教会憲章』40）で、それによって、神の子、イエスの兄弟、聖霊に動かされる者になるのです（ガラテヤ4・6－7参照）。堅信は受洗者を聖霊の特別な力で強めて、キリストの真の証人として、ことばと行いをもって信仰を広めかつ擁護する者とします（『教会憲章』11）。洗礼の時に呼ばれた者は、堅信の時に聖霊降臨の恵みを受けて遣わされます（ヨハネ16・7、使徒言行

録1・8参照)。堅信の秘跡は人への奉仕のために授けられる秘跡です。

堅信の秘跡と聖体の秘跡との関連

1. 入信の秘跡である堅信と聖体

すべての秘跡はイエスの死と復活の神秘から生じています。入信の三つの秘跡の場合は特にそれが強調されます。洗礼と聖体の場合にはそのことがすぐに分かりますが、堅信の場合にはその関連がすぐには見えてこないかもしれません。洗礼がキリストの死と復活にあずかっていることはよく分かるでしょう。水の中では人は呼吸ができないので死に、水から出ると呼吸が出来るので生きるということから、死と復活のシンボルが読み取れるでしょう。それは聖パウロのローマの信徒への手紙にはっきりと示されています。

「それともあなたがたは知らないのですか。キリスト・イエスに結ばれるために洗礼を受けたわたしたちが皆、またその死にあずかるために洗礼を受けたことを。わたしたちは洗礼によってキリストと共に葬られ、その死にあずかるものとなりました。それは、キリストが御父の栄光によって死者の中から復活させられたように、わたしたちも新しい命に

聖体（エウカリスチア）の秘跡のポイント

■聖体の秘跡で、キリスト教入信は完了します。洗礼によって王的祭司職にあげられ、堅信によってキリストにいっそう似た者とされた人々は、聖体によって共同体全体とともにキリストの奉献にあずかります。

■エウカリスチア（感謝の祭儀）はキリスト教生活全体の泉であり頂点です。感謝の祭儀において、私たちを聖とされる神の働きと神にささげる私たちの礼拝とが頂点に達します。諸秘跡も、また同様にすべての教会的役務も使徒職の仕事も、すべては聖体祭儀と結ばれ、これに秩序づけられています。

■感謝の祭儀のうちには教会の霊的富のすべてが含まれています。それは私たちの過越であるキリストご自身に他なりません。神のいのちとの交わりと神の民の一致は感謝の祭儀によって表され、もたらされます。感謝の祭儀によって、私たちはすでに天上の典礼に一致し、永遠のいのちに前もってあずかっています。

生きるためなのです。もし、わたしたちがキリストと一体になってその死の姿にあやかるならば、その復活の姿にもあやかれるでしょう」（ローマ６・３－５）。

聖体の場合も最後の晩餐でのイエスの言葉――「これは、あなたがたのために与えられるわたしの体である」（ルカ22・19）、「この杯は、あなたがたのために流される、わたしの血による新しい契約である」（ルカ22・20）――を思い出せばすぐに分かります。

しかし、堅信の場合はどうでしょうか。やはり、最後の晩餐でイエスがおっしゃった次の言葉を思い出せば、分かるようになります。「わたしが去って行くのは、あなたがたのためになる。わたしが去って行かなければ、弁護者はあなたがたのところに来ないからである。わたしが行けば、弁護者をあなたがたのところに送る」（ヨハネ16・７）。

２．洗礼と堅信のうちにある聖霊の働き

洗礼を受けたときから、私たちは聖霊の神殿になっていて、聖霊によって生きていることは確かなことです。しかし、堅信の恵みによって、私たちは子どもの受け身のような状態から、弟子としての積極的な状態になります。すなわち、イエスの使命にあずかることになります。イエスが御父に遣わされていたように、私たちはイエスに遣わされていま

初期の聖ペトロ大聖堂（想像図）

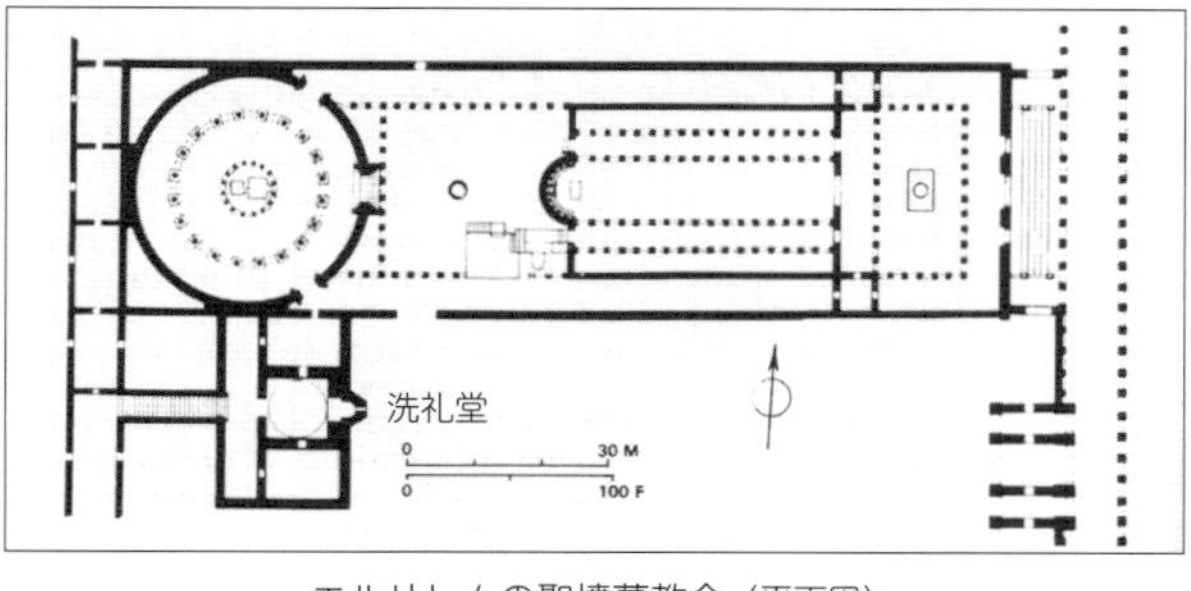

エルサレムの聖墳墓教会（平面図）

す。世の中でイエスを証しする力と勇気をいただいています。「あなたがたは世の光である。山の上にある町は、隠れることができない」（マタイ5・14）。堅信は私たちの聖霊降臨です。「あなたがたの上に聖霊が降ると、あなたがたは力を受ける。そして、エルサレムばかりでなく、ユダヤとサマリアの全土で、また、地の果てに至るまで、わたしの証人となる」（使徒言行録1・8）。

3．宣教の出発であり、完成を目指すミサ

ミサは宣教の出発点です。イエスの言葉と命のパンによって強められて、私たちは宣教の力をいただきます。そして、ミサの終わりには「行きましょう、主の平和のうちに」と呼びかけられます。ラテン語では「行きなさい、主の平和のうちに」です。すなわち、聖霊があなたについているので、恐れずに世の中に入って行って、イエスの愛を知らせなさいと言われているのです。

また、ミサは宣教の完成を目指しているとも言えます。私たちは兄弟姉妹と一緒にイエスの食卓にあずかり、イエスと結ばれて、「イエスによって、イエスと共に、イエスのうちに、聖霊の交わりの中で、父なる神に誉れと栄光を」と称えるのです。すべての人とと

もにそれがいつかできるように遣わされます。

ミサにおける第三奉献文の中に、キリストと聖霊との働きがはっきりと示されています。「御子キリストの御からだと御血によってわたしたちが養われ、その聖霊に満たされて、キリストのうちにあって一つのからだ、一つの心となりますように」。

洗礼も堅信もキリストの死と復活にあずからせる秘跡ですが、そのクライマックスは聖体の秘跡です。堅信と聖体の秘跡の結び付きを表すために、堅信はミサの間に授けるように勧められています。また、カトリック教会以外で洗礼を受けたキリスト信者が、カトリックになる時、司祭が聖体を授ける前に堅信を授けることになりました（『成人のキリスト教入信式』159頁・17）。

4. 聖体と堅信によって強められる教会の一致

最後の晩餐の時に、イエスは弟子たちの一致のために、御父に祈りました。「父よ、あなたがわたしの内におられ、わたしがあなたの内にいるように、すべての人を一つにしてください」（ヨハネ17・21）。

この一致は、一方では聖体の秘跡の恵みによって与えられます。「パンは一つだから、わたしたちは大勢でも一つの体です。皆が一つのパンを分けて食べるからです」(一コリント10・17)。他方では、この一致は、私たちを積極的な奉仕者にする、堅信の恵みによるものでもあります。「一人一人に〝霊〟の働きが現れるのは全体の益となるためです」(一コリント12・7)。「一つの霊によって、わたしたちは、ユダヤ人であろうとギリシア人であろうと、奴隷であろうと自由な身分の者であろうと、皆一つの体となるために洗礼を受け、皆一つの霊をのませてもらったのです」(一コリント12・13)。

それぞれの奉仕はすべて唯一の聖霊によって与えられますので、奉仕者同士の一致も聖霊によって既に達成されています。しかし、聖体の秘跡によって、キリストと教会との一致、キリストと信者との一致はますます密接になります。

5. キリストの祭司職

堅信の時、受堅者は聖香油の塗油によって、キリストの祭司職、預言職、王職に参与するものとされ、キリストと一層強く結ばれます。ここでは信徒の共通の祭司職について述べることにします。

洗礼と堅信の時から、信者はキリストの祭司職にあずかるようになりましたが、聖体の秘跡、すなわちミサの時にそのあずかり方はなお一層深くなります。信者のこの祭司職は「共通祭司職」と呼ばれ、司祭が果たす「役務的司祭職」とは異なる方法ではありますが、聖体の秘跡において大いにその務めを果たします（『教会憲章』10参照）。信者がミサの時にキリストの祭司職にあずかっていることについて、『教会憲章』は次のように記します。「彼らは、キリスト教的生活全体の源泉であり頂点である聖体のいけにえに参加して、神的いけにえを神にささげ、そのいけにえとともに自分自身をもささげる。こうしてすべての信者は、奉献においても聖体拝領においても、無秩序にではなく、それぞれ固有なしかたで、典礼行為において固有の役割を果たす。さらに聖体の集会においてキリストのからだによって養われた者は、このもっとも神聖な神秘が適切に示し、みごとに実現する神の民の一致を具体的に表す」（『教会憲章』11）。

幼児洗礼者の入信の秘跡の順序

教会法によれば、幼年期、または少年期に洗礼を受けた者が、「理性を働かせるに至っている場合には、適切に教育され、ふさわしい心構えを有し、洗礼の約束を更新でき」れば、堅信を受けることができるとされています（『教会法典』第889条2項参照）。「理性を働かせるに至」るとは、教会法第97条2項によって「満七歳に達した者」とされており、これによって「分別のつく年齢」(『教会法典』第891条)に達している信者は、聖体拝領の前に堅信を受けることができるようになります。実際にいくつかの国ではそのようになっています。それであれば、大人の入信の秘跡の順序も守られます。

入信の秘跡の順序を重んじる典礼神学者は、幼児洗礼を受けた少年のためにも、入信の秘跡の順序を成人の順序と同じように守るべきだと考えています。またそうすることによって、多くの子どもが堅信を受けることができるようになるに違いありません。聖体を受けることができるのなら、堅信も受けることができるはずだと主張しているのです。

しかし、多くの司教はそれに賛成できなかったので、「司教協議会が年齢について別段の定めをした場合、又は死の危険が迫っている場合、若しくは執行者の判断により重大な理由のゆえに別段に示唆される場合はこの限りではない」(『教会法典』第891条)という条文を入れました。これによって、入信の秘跡について、成人の入信の場合と、幼児洗礼を受けた信者の場合とで順序が異なることを認めているのです。

司牧の問題

確かに多くの司牧者は、堅信の秘跡を授けるためには、青少年が自分で信仰をもって、洗礼の約束を自分ですることができるまでの準備期間が必要であるとして、堅信が受けられる年齢を延ばすべきだと主張しています。このように考えれば、入信の秘跡の順序を、当然、変えなければならないことになります。この考えに立つ司牧者たちは、入信の秘跡の順よりも入信の秘跡の相互の関係を重んじるべきだと主張しているのです。

日本の司教団は、「堅信の秘跡は、一〇歳から一五歳までの者に授けるのを原則とする」（『教会法典』日本における教会法施行細則⑭第891条）と定めました。これに従えば、洗礼、聖体、堅信の順になり、堅信が入信の完成になります。これは使徒たちの場合もそうであったと言えるでしょう。使徒たちも最後の晩餐で聖体をいただいてから、聖霊降臨の時に聖霊を注がれました。また、最近の多くの青少年は自分の信仰の内容をあまり知りませんので、堅信は信仰の素晴らしさを教える良い機会になると言えます。

典礼学者と司牧者の間で、この議論はいまだに続いています。

①堅信の時期

司牧における第一の問題は、堅信の秘跡が授けられる時期の問題です。堅信の秘跡が司教の都合に左右されることなく、毎年、同じ時期に授けられることを目指すべきではないでしょうか。そのためには各小教区ではなく、小教区をいくつかの地域にまとめて、各地区で合同の堅信式にする必要があると思われます。そうすれば、毎年の小教区のカレンダーに大切なイベントとして記されるようになります。また、個人の事情でその年に堅信を受けることができなかった人が二、三年も待たされるということが無くなります。

堅信の秘跡を授けるためにはふさわしくない待降節と四旬節を避け、かつ、復活祭が遅い場合でも、五月から一一月半ばまでは、八月を除いても、少なくとも二三回は主日があります。従って、堅信を授ける地域を二三以下に分ければ、毎年同じ主日にその地域で堅信を授けることができるようになります。小教区の共同体の参加を励ますために、毎年違う教会で堅信式を行うことが望ましいでしょう。そうすれば、地域や地区レベルでも準備することが考えられます。しかし、決まった時期に司教が来られなくなる時もあるので、そういう場合には司教総代理に委任することも考えるべきでしょう。

②司教との関係

第二の司牧上の問題は、洗礼と堅信の結び付きを重んじて、司祭が小学生に洗礼を授けてから、続けて堅信も授けるか、または司教との関係を大切にして、堅信を受ける時期を司教の訪問まで延ばすかというジレンマです。同年齢の友人と一緒に勉強して堅信を受けるなら、信者同士の仲間も作ることができると考えている司牧者も多いようです。

③堅信の準備

第三に、準備をどのようにするべきかという問題です。できるだけ多くの人が堅信を受けられるようにするために簡単な準備にするか、それとも信仰を強めるために十分に時間をかけて準備をするかということですが、聖体を受ける条件は簡単にして、堅信を受ける条件は厳しくするというのはどうかと考える司牧者もいます。キリストの弟子として働く決意は、堅信を受ける条件ではなく、堅信を受けた効果です。

準備を長くすることを望む司牧者の理由は、信仰を学ぶ最後のチャンスであるから、信仰の内容をしっかり伝えるべきであるということです。また、準備に来る者の中には、自分が堅信を望んでいるというより、親の望みに応えるために来ている者がいると考えれば、自分から堅信を受けたいという心を起こさせるために時間は必要でしょう。堅信を受けたいという望みは良い準備の条件です。知識を与えると同時に良い心を整えさせることが大切です。

しかし、若者は学校や塾の勉強、さまざまな部活動、またアルバイトに時間を取られるなどして、教会に来ることが難しくなっています。それで必然的に、最近の若者はキリストについての知識も乏しく、キリストとの親しい交わりも味わうことができていないという状況に置かれています。秘跡の意味もよく理解できないで、堅信を受けることの必要性も分からなくなっているのではないでしょうか。

従って堅信について教える時には、まず、イエスに関する知識を確かめて、イエスに対する愛を深めることから始めたいと思います。次に、秘跡がイエスとの出会いであることを考えさせ、そして、自分がどういう人になりたいか、真の自由がどういうことかを考えさせることです。自由の源である聖霊の助けを望むためにこれらのことを考えさせるべきです。

さらに、それまでの生活の中で、共同体との交わりの縁が薄かった若者もいるでしょうから、共同体との交わりの大切さも忘れずに味わわせたいと思います。最後に、最も大切なこととして、イエスとの会話（祈り）ができるように導くことが必要です。以下にポイントをまとめてみます。

●イエスを知る

イエスを知ることから始めます。イエスの誕生、青年時代、職業、宣教の初め、弟子の任命、宗教家からの反対、イエスの死と復活、教会の誕生についての根本的な知識を確かめます。

そして、福音の中に輝くイエスの言葉を暗記させます。一生の間に、いつでも折に触れて思い出すことができるように暗記することは必要だと思われます。特に、ヨハネの福音にある、イエスと弟子との関係についての、イエスの七つの言葉を暗記させましょう。イエスは弟子の生きる力（生きたパン6・51）、世の光（8・12）、神の異なる最初のステップ（10・9）、最も安全な案内人（10・14）、命（11・25）、御父への道（14・6）、自分の命で弟子を生かす（15・1）。

また、十字架上のイエスの七つの言葉も覚えさせるべきです（マタイ27・46、ルカ23・34、43、46、ヨハネ19・27、28、30）。

●秘跡を味わう

秘跡はイエスとの出会いであって、秘跡を受けるときは、イエスの働きに自分を委ねるときです。秘跡を受けることは掟を守るためではなく、イエスと出会うためです。ゆるしの秘跡の素晴らしさを味わわせる機会でもあるでしょう。七つの秘跡を覚えさせる機会でもあります。

●導きの必要性を考えさせる

自分がどういう人になりたいかを考えさせて、そのためにイエスと聖霊の導きを受けることの必要性を考えさせます。

青春期には成長することへの望みがとても強いので、人間の真の成長について話し合うことは大事です。体の成長、知的な成長の大切さを話しながらも、心の成長の必要性を強調しましょう。心の成長が伴わなければ、人は人生をしくじってしまいます。

体が丈夫であっても、その力を暴力に使ったり、頭が良くても、その能力を自分の利益のためだけに使ったりするなら、その人生は失敗に終わります。心の成長は根本的な問題です。心の成長はイエスについて行くことによって実現するのです。それよりも効果的な方法はありません。

心の成長の中では自由の成長がその中心です。堅信の準備のとき、真の自由によって生きる術を学ぶべきです。目先の欲望にいつも従う人は自由を捨てた人です。わがままな心と自由な心との区別を考えさせましょう。

残念ながら、現実には目先の欲望の奴隷になる人が多いのです。お金の奴隷、快楽の奴隷、権力の奴隷、そして、最近では、スマホの奴隷になっている人が増えています。このスマホのバーチャルの世界の虜《とりこ》になっている若者が多く、懸念されます。

そのような若者の内面に堅信の意識を根付かせることは困難を伴うことでしょうが、努力すべきことです。聖パウロは次のように述べています。「自由を得させるために、キリストはわたしたちを自由の身にしてくださったのです」（ガラテヤ5・1）。また、「兄弟たち、あなたがたは、自由を得るために召し出されたのです。ただ、この自由を、肉に罪を犯させる機会とせずに、愛によって互いに仕えなさい」（5・13）。

●先輩としての共同体の役割

堅信の準備の間に、若者が共同体の中で自分の場を見つけられるように、サポートする必要があります。堅信を受ける仲間の名前をまだ知らない者もいるかもしれません。また、共同体の中に、何か自分に奉仕できることがあるのではないかと考えるかもしれません。ここで堅信の代父母になる先輩の役割が出てくるでしょう。

共同体もともに準備をすることが大切です。まず、両親、洗礼の代父母、共同体の先輩を準備にかかわるように誘いましょう。受堅者が教会の使命にあずかることは、共同体の中で体験することから始まるでしょう。共同体も、これから一緒に働く仲間を喜んで迎える心を育てる必要があります。

●祈りの習慣を身に付ける

教会で皆と一緒に祈ること、特に主日のミサに参加することを指導しなければなりませんが、個人的な祈り——聖書を読みながら自分に対するイエスの望みを聞くことと、イエスに自分の望み、不安などを伝えることができるように導くことも大切です。

朝と晩の祈りの習慣をつけることを特に強調したいと思います。イエスとともに一日を始めることと、寝る前に、一日をイエスに委ねて良くできたことについて感謝し、そうでなかったことを赦していただいて、安心して休むようにする習慣です。朝と晩の祈りが、自然に無意識的に行われるように、習慣になれば幸いです。

良い習慣を身に着けることは大切です。習慣によって振る舞うことは良くないと言われることもありますが、良い習慣はエネルギーを保持し、緊張をなくします。朝と晩に祈りをする習慣を身に付けることは、イエスとともに生きるための最初のステップではないでしょうか。

④ミュスタゴギア

第四には、堅信後の「入信の秘跡直後の導き（ミュスタゴギア）」の問題です。堅信を受けてからのアフターケア（ミュスタゴギア）はどの教会でもほとんど行われていないようです。青少年が努力して堅信の準備に参加しても、堅信後は、学校の勉強や運動、塾、習い事などに戻らざるを得ない若者が多いというのが現状です。

ゆるしの秘跡の重要性

最後に、もう一つ、大切な問題があります。それは堅信の前にゆるしの秘跡を受けることです。小学生の時に受けたゆるしの秘跡の心構えは、中高生には十分ではありません。

また初聖体の前にゆるしの秘跡を受けて以来、ゆるしの秘跡は受けていないという人が少なくありません。そういう中高生に対しては、ゆるしの秘跡の素晴らしさについての新しい説明がぜひとも必要です。堅信の前のゆるしの秘跡の影響は一生涯残ることもあります。

終わりに

堅信の秘跡は、いわば聖霊降臨の継続ですので、一人ひとりが受けた聖霊降臨の恵みを活かせば、日本での宣教は今よりも立派な実を結ぶに違いありません。そうすれば、イエスが弟子たちにおっしゃったことは、私たちにも、今日、言われていることが分かるでしょう。「目を上げて畑を見るがよい。色づいて刈り入れを待っている」（ヨハネ4・35）。

◆キーワードとポイント◆

■四世紀までは、入信の秘跡は司教座聖堂で、司祭によって洗礼を受けた者に、司教が按手することによって聖霊を授けていた。

■司教のみが執行できる秘跡は堅信と叙階。司教は堅信の秘跡の執行を司祭に委任することができる。

■司教が堅信と叙階の秘跡の時に按手をするのは、教会の使命にあずからせるためのシンボル。堅信は洗礼の完成。

■堅信は、人への奉仕のために授けられる秘跡。洗礼によって教会の完全な一員となり、さらに堅信によって聖霊降臨の恵みを受けて、教会の使命に協力する者になる。

■堅信の秘跡の執行者から按手され、聖香油を塗油されたことで、受堅者は教会の使命にあずかる資格と恵みを受ける。

■教会の使命の中で自分の場を見つけて、ほかの信者の使命と自分の使命とを円満に重ね合わせるために聖霊の恵みが与えられる。

■洗礼、堅信、聖体の三つの秘跡は私たちをイエスの死と復活にあずからせる。

■洗礼と堅信によって、信者はキリストの祭司職にあずかるようになり、聖体の秘跡、すなわちミサの時にそのあずかり方はなお一層深くなる。信者のこの祭司職は「共通祭司職」。

■堅信の時、受堅者は聖香油の塗油によって、キリストの祭司職、預言職、王職に参与するものとされ、キリストと一層強く結ばれる。

■日本の司教団は、「堅信の秘跡は、一〇歳から一五歳までの者に授けるのを原則とする」と定めている。

■堅信と聖体の秘跡の結び付きを表すために、堅信はミサの間に授けるように勧められている。

■キリストと教会・キリストと信者との一致は聖体の秘跡によってより密接となる。

■堅信の準備は、イエスに関する知識を確かめ、イエスに対する愛を深めることから始まる。福音の中に輝くイエスの言葉を暗記させることも必要。

■特に若者には、秘跡はイエスとの出会いであり、自由の源である聖霊の助けを望むために、真の自由がどういうことかを考えさせる。共同体との交わりの大切さ、イエスとの会話（祈りの習慣）ができるように導く。

■「入信の秘跡直後の導き（ミュスタゴギア）」は今後の課題。中高生に対しては堅信の前に、ゆるしの秘跡の素晴らしさについての新しい説明がぜひとも必要。

インノケンティウス三世
(在位 1198-1216)

隆盛期の中世教皇権を代表するローマ教皇。パリおよびボローニャで神学と法学を修めた後、26歳で枢機卿、37歳の若さで教皇座に登位。学問的素養と現実的精神を兼備した教皇として、教会の指導に優れた手腕を発揮。

聖カルロ・ボロメオ (1538-1584)

ピウス四世により1560年枢機卿に親任され、トリエント公会議の続行と完了 (1563) に尽力。1564年にミラノ大司教に任命され、同公会議の方針に基づく教会改革を推進。カトリック改革の時代の代表者とされる。1610年列聖。

(『新カトリック大事典』参照)

第5章　入信後に続く信仰生活とミサ

入信の歩みを導くために

入信後の養成がどのように行われるかは、入信までの過程をどのように過ごしたかによるので、ここでは、入信までの過程を振り返ってから、入信直後の養成（ミュスタゴギア）、さらに生涯にわたっての信仰生活、その歩みを導く主日のミサについて、私が現在司牧に携わっている横浜司教区での司牧体験をもとに記してみることにします。

公会議の意向に沿った入信への流れ

入信への過程は、一九六四年発布の『教会の宣教活動に関する教令』に沿って整えられたものですが、一九九七年版『カテケージスの一般指針』（聖職者省、以下「指針」と略）に、より具体的な指針が示されているので、その中の「入信準備養成過程」の主な特徴を挙げ、それに沿って説明を試みることにします。

①「入信準備養成過程は、段階的に行われる」（「指針」88参照）

現在、私たちが手に入れることのできる入信の秘跡に関する儀式書は、一九七六年に日本語版（暫定版）で発行された『カトリック儀式書　成人のキリスト教入信式』です。この儀式書には、『典礼憲章』に示唆されている改定の基準に沿って、入信に向けて行われるすべての段階が見事に具現されています。

②「入信準備養成過程は、年齢に応じて（即ち一人ひとりの心理的、精神的成長過程を考慮しながら）行われる」（「指針」171参照）

人間には、生を受けてから死に至るまで、常に全人間的な成長が期待されています。入信に向けて準備を始めた人の心理的、精神的成長の度合いは一人ひとり違います。それぞれに違う成長の今が集いの中で大切にされた時、その人は安心して、今の自分を出て、成長に向かうことができます。この自己肯定ができる安心な場を提供することが、養成担当者に求められていると思われます。

③「入信準備養成過程への責任は、司祭・養成担当者のみではなく、教会共同体全体にある」（「指針」91参照）

入信の秘跡を受けて信者になった人はみな、大祭司キリストの祭司職・預言職・王職にあずかっています。ですから、成人の入信の過程は、教会共同体の中で行われることになり、教会共同体は、入信希望者とともに信仰の道を歩むことになります。特に求道者が洗礼志願者として最後の仕上げの道を歩む四旬節には、教会共同体のメンバーも主日ごとに、みことばを通して養われ、自らの入信への歩みを振り返りながら過ごす、貴重な回心の時になります。

④「この養成過程は、キリストの復活（過越）秘義によって特徴づけられているので復活徹夜祭を中心として（「典礼暦年」を意識して）行われる」（「指針」91参照）

公会議前は、復活徹夜祭以外にも成人の洗礼式が行われていました。現在は特別な理由がなければ、「入信の秘跡の祭儀」は復活徹夜祭に行われます。現在の入信準備養成過程は、典礼暦年に沿って準備されており、復活徹夜祭に向けての準備期間である四旬節の主日の聖書朗読は、洗礼志願者の最後の養成に向けられています。入信の秘跡がキリストの復活秘義（過越）に結ばれており、入信の完成が死の過越であるという事実をしっかりと意識した時、入信準備養成過程は実りあるものとなるでしょう。

⑤「カテケージスがその使信・養成の内容を汲む源泉は、神の『みことば』です」（「指針」94参照）

「指針」は、入信準備養成がその使信・養成の内容を汲む源泉が、神の「みことば」であると述べることによって、入信準備養成過程において目指されるべきことが、知識の伝達にとどまらず、生き方の転換を伴う養成であることを示しています。「みことば」は、単なる言葉ではなく、宇宙の創造に関わり、神でありながら受肉されて人となり、見えない神の見える姿となられた方です。ですから、私たちはいろいろな方法で、みことばと出会えるようになりました。この出会いを助け、出会いの場を準備することこそ、養成者の務めであり、教会共同体の役割です。

以上、「指針」に沿って入信希望者の養成が行われる時の様子を描いてみました。「数段階に分けられる成人の入信準備期を復興」（『典礼憲章』64）するという、第二バチカン公会議の決定に基づいて刷新された入信過程の現状と、そこに至るまでの歴史的変遷は、本書の1章から4章に詳しく述べられています。

「グリフィン講座」の意義

私はその過程に沿った養成を、長年にわたって、いわゆる「グリフィン講座」の線に沿って行ってきました。聖コロンバン会のジェラルド・グリフィン神父は、第二バチカン公会議後の刷新された宣教司牧のあり方を、東洋で働く司牧者の再養成のために生まれたEAPI（東アジア司牧研究所）のコースで学ばれ、さらに研鑽を重ねて、1期（自分自身に出会う）、2期（イエス・キリストに出会う）、3期（教会に出会う）で構成されている『キリスト教講座』を生み出されました。

師が引退された後、「共同宣教司牧サポートチーム神奈川」のもとでこのコースを引き継いでいますが、その折、師ご自身から、1期はできるだけそのままで、2期は祈りの要素を加えて、3期は公会議後の秘跡のとらえ方で書き直して使うようにとの指示をいただきました。それにしたがって構成したのが次ページの「カトリック入門講座」です。

カトリック入門講座

1期　プレカテケージス・自分との出会いを通して、自分らしく生きる			
セッション 1	人生をどのように生きますか	セッション 10	ありのままの私 ①
セッション 2	私はだれですか	セッション 11	ありのままの私 ②
セッション 3	感情 ①	セッション 12	愛するということ
セッション 4	感情 ②……(感情と向き合う)	セッション 13	聞くこと 聴くこと ①
セッション 5	自己疎外	セッション 14	聞くこと 聴くこと ②
セッション 6	自己嫌悪	セッション 15	コミュニケーション ……(より深い交わりに向けて)
セッション 7	自己受容		
セッション 8	自画像	セッション 16	不安と安らぎ ……(神との出会いに向けて)
セッション 9	円熟とは……(円熟に向けて)		

2期　カテケージス・キリストと共に生きる	
セッション 1	現代人がキリストに出会う　祈り：神との出会い
セッション 2	神はキリストにおいて、その民のところに来られる イエスの誕生（クリスマス）　イエスの洗礼
セッション 3	荒れ野での試み
セッション 4−7	ザーカイ・サマリアの女・石殺しにされそうになった女・香油を塗って イエスをもてなした女（父のいつくしみの姿・罪びとの友キリスト）
セッション 8−10	ゲッセマニの園での祈り・十字架上での死・復活と昇天 (父の思いの実現：イエス・キリストの受難と復活)
セッション 11	イエスはいったいだれですか
セッション 12	イエスの弟子になる（私たちに残された課題：12弟子の素顔）
セッション 13	信仰するということ・弱い時にこそ強い私・隣人への愛の奉仕 (私たちに残された課題：小さい人々の中に神を見る)

3期　ミュスタゴギア・秘跡を生きる	
セッション 1	イエスは御父を紹介する：三位一体
セッション 2	契約：救いの歴史
セッション 3−5	入信の秘跡：洗礼・堅信・聖体
セッション 6−7	いやしの秘跡：ゆるしの秘跡・病者の塗油
セッション 8−10	奉仕のための秘跡：キリスト教的結婚・叙階の秘跡
セッション 11	キリストはすべてを新しくされる：交わりを生きる教会
セッション 12	使命を受けて集い、また派遣されて生きる

「カトリック入門講座」

このコースは「指針」に沿ったもので、養成担当チームによって集いの場が準備され、参加者は課題を出されて考察し（エクササイズと呼んでいます）、その結果気付いたことを分かち合い（聴き合い）、それぞれ気付きを深めます。1期においては、神からいただいた自分が誰であり、いかに大切なものであり、成長に向かって期待されている命であるかに気付くように導かれます。和を大切にして生きる日本文化の中にいると、ややもすると、自分を持たないまま他人に合わせて生きてしまっているので、1期ではイエスと出会える自分を準備します。

2期においては福音書の中のイエスと出会い、イエスがどのような方であり、何を大切にしておられるかを祈り（黙想・観想）の中で味わい、分かち合い、私たち一人ひとりが神からいかに大切にされているかを体験しながら、人の思いから神の思いで生きる生き方へと回心の道を歩んでいきます。

3期で扱う内容は、入信直後の養成になっていますが、入信前になるか後になるかは、ケース・バイ・ケースです。

この道を、入信を希望する人たちは、集いの中で歩んでいきます。次のような「分かち合い」の申し合わせの読み合わせをしてから分かち合いをするので、安心して、それぞれの人生を、神がいかに丁寧に導いておられるかをその中で体験することができます。

分かち合い

分かち合いとは――祈りのようなもの
今の正直な気持ち、感情を言う
ただひたすら心を傾けて聴き合う
分かち合う人は
自分の体験を通して
その時の気持ちや
心の動きがどうであったかを表します
他人がどうであったかではなく
自分自身のことを分かち合いましょう

分かち合われた人は
それを贈り物として受け入れ味わい
肯定も否定もせず又解決も試みません
分かち合われたことは
自分の心におさめ
内容はその場限りのもの
他の人に決して話しません
☆心の体験をどこまで分かち合うかは
本人の自由・パスもOK

こうした雰囲気の中で、入信を希望する人は、安心な場を得、入信の決意が固まると「入門式」を受けて求道者となります。「入門式」は主日のミサの中で行われるので、すべての会衆から祝福を受け、公に求道者となることができます。その後は教会共同体の中に求道者としての場を得、主日のミサや祈りの集い、レクチオ・ディヴィナ（霊的読書）などの場もともにすることができ、四旬節第一主日に「洗礼志願式」（選びの式）を受け、洗礼志願者になります。

求道者とともに

志願者となった洗礼志願者は、四旬節第三主日から第五主日まで「清めと照らしの式」を主日ごとに受けるので、これも共同体にとってのよい回心の時となります。こうした過程を経て入信した人は、すでに教会共同体の一員としての場を持っており、主日のミサにも仲間とともに与かっている

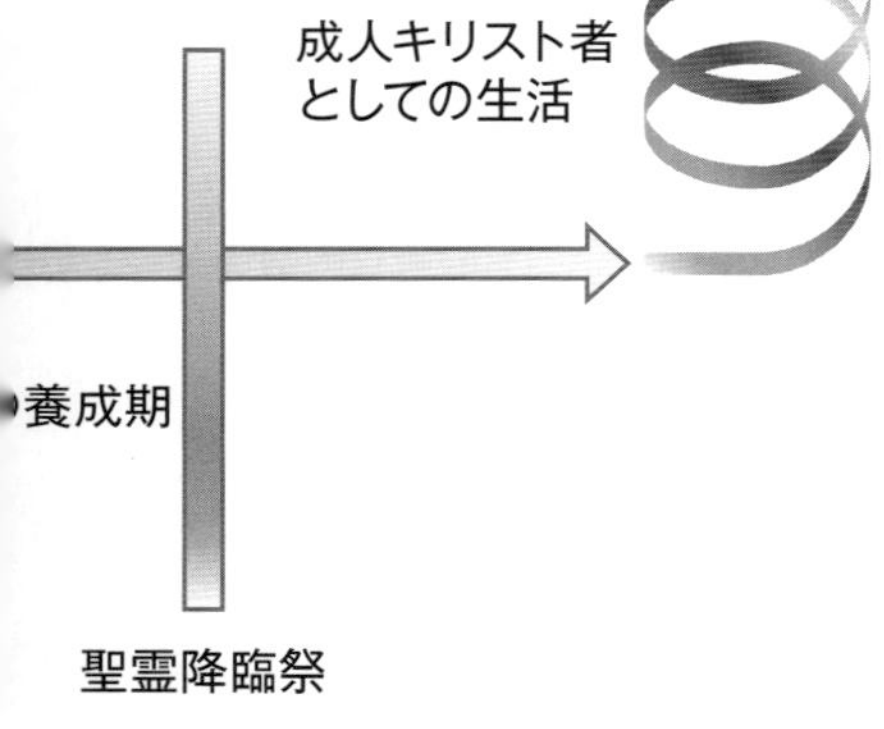

ので、入信後も自然に入信直後の養成期に入っていくことができます。

入信後の養成の考察に移る前に、私の司牧体験から構成した段階的な入信過程を下記の図に示しておきます。その特徴の一つは、前求道期は教会を訪れる前から、実にこの世に生を受けた時から、神から呼ばれいろいろな出会いを通して育てられているということです。二つ目の特徴は、入信の秘跡の時にいただく新しい永遠の命は、入信直後の養成はもちろんのこと、典礼暦年に沿って毎年その成長を続け、主とともに死を過ぎ越す時こそ入信の秘跡の完成の時であるということです。

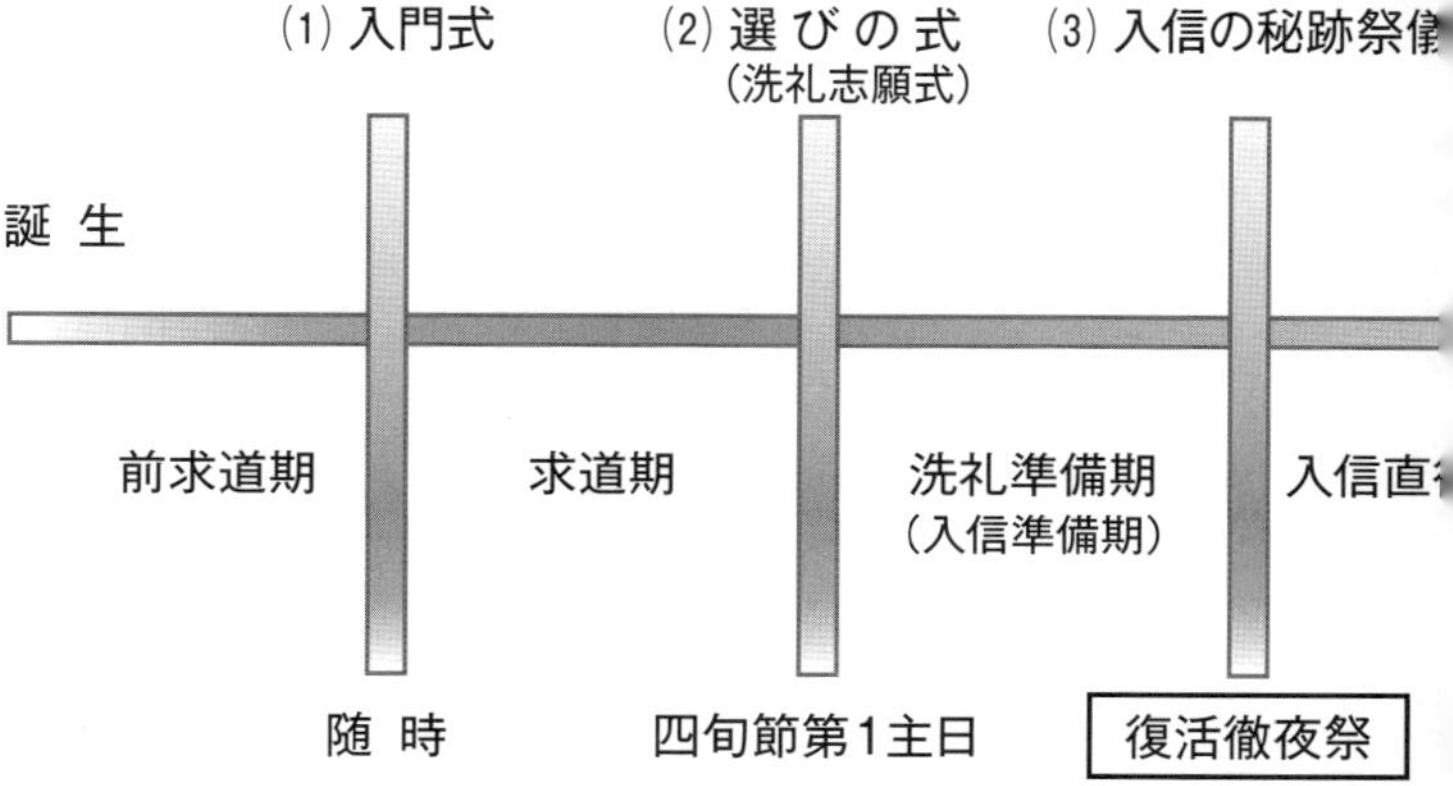

信式」諸段階の概観

（本書の用語による）

第2段階

洗礼準備期
（入信準備期）

⇒ 洗礼志願者となる
（入信志願者）

洗礼志願者のための典礼
ー清めと照らしー

（四旬節第3主日
第4主日
第5主日）

入信の秘跡の祭儀　復活徹夜祭

第3段階

入信の秘跡直後の期間

⇒ キリスト者となる

入信直後の導き
（ミュスタゴギア）

（復活節主日〜
聖霊降臨の主日）

-41ページを参考に本書の用語法にて作成）

現在の「成人のキリスト

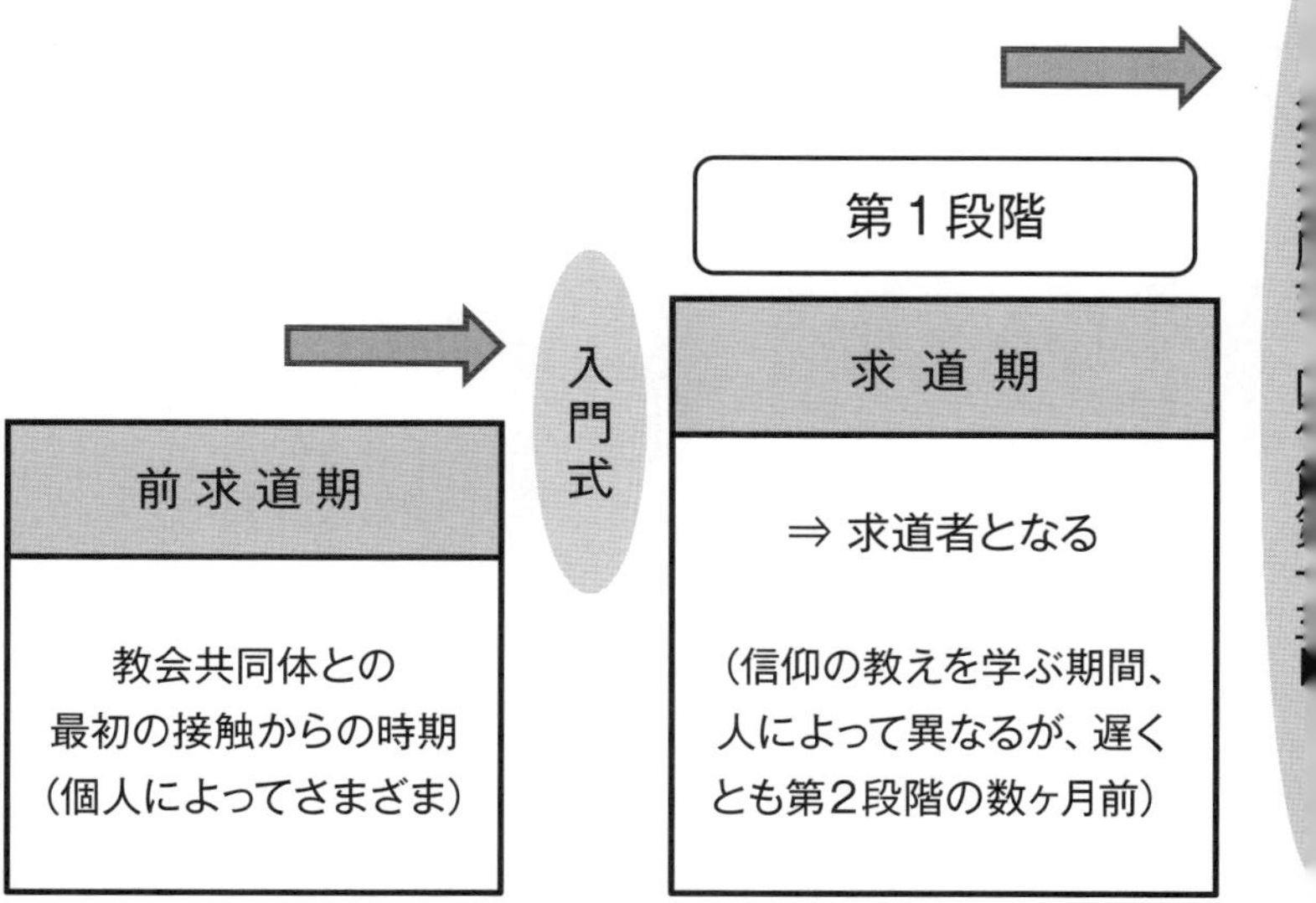

（カトリック儀式書『成人のキリスト教入信

「主日のミサ」の理解と参加の仕方（「入信の秘跡」の完成と継続について）

入信直後の養成は聖霊降臨祭まで続きます。その間、代父母など新信者に同伴する人は、新信者に寄り添いながら、主日のミサに参加します。その時、気を配るべき点に触れてみたいと思います。

1．ミサの構造

開　祭

ミサは「会衆が集まると……」始まります。それは集いの中におられる主が、全会衆とともに御父に向けて感謝の祈りをささげてくださるからです。神の民が心を一つにして集うことが大切にされます。ミサは対話でできているので、しっかり応答することの大切さを伝えましょう。

ことばの典礼

ことばの典礼で特に大切なのは、みことばに耳を傾けること、すなわち聴くことです。

『聖書と典礼』をつい読んでしまいがちなのですが、読むと聴くでは大違いです。読むときは私が主人ですが、聴くときは主が主人です。ミサの朗読は聴くようにしましょう。次に大切なのは聴いたことを味わうことです。そのために朗読の後には沈黙の時が準備されています。そして味わい、心に留まったことを生活に生かすことが大切です。

感謝の典礼

「これをわたしの記念として行いなさい」と言われた大切な部分です。第二バチカン公会議後に整えられたミサにおいても、開祭の部とことばの典礼に付随する部分が歌われると、かなりの時間がかかるので、奉献文の部分を司祭が早口で唱え終えてしまうきらいがあります。ミサの中心部分は何と言っても「叙唱」で始まる奉献文と、交わりの儀であることを、すべての信者が認識しておく必要があります。

閉祭（派遣）

使命を受けて、生活に派遣されることが大切です。

2. 主日のミサへの参加の姿勢

主日のミサへの参加（奉仕）のあり方は『典礼憲章』14項において「十全に（plenam）、意識的（consciam）かつ行動的（actuosam）に典礼祭儀に参加するよう」にと表現されています。この文章に、入信した信者に望まれる典礼への参加の姿勢がよく表れています。「十全な」の意味を、分かりやすく表現すると、「神からいただいた役割と使命のすべてをそしてそれだけを」となります。私たち人間の常として、遠慮して尻込みするか、やりすぎて人にその機会を与えないかのどちらかになりやすいのですが、「十全な」とは、自分の思いではなく、神から望まれることの、「すべて」を、そして「それだけ」をする、ということになります。

意識的参加

「意識的参加」とは、行うことの意味が分かってということになるので、典礼の場合、特に主日のミサの、開祭・ことばの食卓・感謝の食卓・閉祭（派遣）それぞれの意味や目的が分かっていること、また典礼は目に見えない出来事を目に見えるシンボルを使って表現しているので、典礼で用いられるシンボルの意味も分かっていることが大切です。

行動的参加

「行動的参加」と言うと、すぐ何かをしなければいけないと思いがちですが、行動する前に意識的にそこにいることが求められています。たとえばミサは、会衆が集まった時に始まりますが、そこにいる会衆が、ただ義務を果たすため、決まりを守るためにいるだけならば、ここで言う行動的参加にはなりません。ミサは集いの中におられる主が会衆とともに御父に感謝の祈りをささげてくださることなので、ミサをともにささげるつもりでいて初めて行動的参加と言えるでしょう。

ですから具体的に言うならば、その意味を知って集うこと、みことばを聴くこと味わうこと、唱え歌って応答すること、体で祈ること、さらに解説し、先唱し、祭壇奉仕、朗読奉仕、奉納、オルガン伴奏、案内、献金集めの意味が分かって、依頼されたことのすべてを、そしてそれだけをする時に、十全に意識的に行動的に参加したと言えるでしょう。

◆キーワードとポイント◆

■『カトリック儀式書　成人のキリスト教入信式』には、『典礼憲章』に示唆されている改定の基準に沿って、入信に向けて行われるすべての段階が具現。

■入信準備養成過程は、段階的に行われる。

■入信準備養成過程への責任は、司祭・養成担当者のみではなく、教会共同体全体にある。

■この養成過程は、キリストの復活（過越）秘義によって特徴づけられているので復活徹夜祭を中心として（「典礼暦年」を意識して）行われる。

■カテケージスがその使信・養成の内容を汲む源泉は、神の「みことば」。

■横浜教区の「カトリック入門講座」では、1期においては、神からいただいた自分が誰であり、いかに大切なものであり、イエスと出会える自分を準備する。2期においては福音書の中のイエスと出会い、イエスがどのような方であり、何を大切にしておられるかを祈り（黙想・観想）、人の思いから神の思いで生きる生き方へと回心の道を歩んでいく。3期で扱う内容は、ミュスタゴギア・秘跡に生きるがテーマ。

■入信を希望する人たちは、集いの中で歩んでいく。「分かち合い」の申し合わせの読み合わせをしてから分かち合いをするので、安心して、それぞれの人生を、神がいかに丁寧に導いておられるかをその中で体験することができる。

■入信直後の養成は聖霊降臨祭まで続く。その間、代父母など新信者に同伴する人は、新信者に寄り添いながら、主日のミサに参加する。

■主日のミサへの参加（奉仕）のあり方は『典礼憲章』14項において「十全に、意識的かつ行動的に典礼祭儀に参加するよう」にと表現されている。この文章に、入信した信者に望まれる典礼への参加の姿勢がよく表れている。

第二バチカン公会議（1962-65）

第二バチカン公会議は1959年に聖ヨハネ二三世教皇が立案、62年開会し、全世界の司教が参集。東方正教会、プロテスタント諸教会もオブザーバーを派遣した。途中同教皇の死後、聖パウロ六世教皇が遺志を継ぎ、65年に閉会。

聖書中心の神の民、聖霊の教会という面を強調。教皇庁の中央集権化を是正、ギリシア正教との和解などを目指す教会一致の精神を打出し、現代世界に対して積極的姿勢をとり、協調しようと努力した。

世界平和、教会合同、教会の現代化などが討議され、教会改革、典礼の国語化、制度刷新などを目指した憲章、教令、宣言などを採択。1054年以来の東方正教会との相互破門を解いた。

（『新カトリック大事典』参照）

第6章　信仰生活を深める典礼暦年と聖書朗読

信仰生活と教会の暦

教会には、信者の信仰生活と密接に結びついた暦、すなわち典礼暦年があります。この典礼暦年によって、「教会はキリストの神秘全体を一年を周期として追憶」します（「典礼暦年と典礼暦に関する一般原則」17）。聖なる過越の三日間を頂点とし、受肉と降誕、昇天と聖霊降臨、そして終末における主の来臨への待望に至るまでが（『典礼憲章』102）、毎日のミサや『教会の祈り』によって記念されます。

そして、日ごとに記念されるキリストの救いの出来事は、その日のミサのために割り振られた聖書朗読を通して示され、ミサに集うすべての人に神のことばの食卓を提供するために、聖書のおもな箇所が告げられます。

典礼暦年と聖書朗読配分の発展

初期のキリスト教においては、キリスト者の集いはおもに主の日に行われていました。この主日の集会の中で聖書が朗読されていたことは、殉教者ユスティノスの『第一弁明』（一五〇頃）に記されています。当時の主の日の集会では、すでに現在のようなことばの典礼と感謝の典礼に当たる構成が見られ、集会の前半において、使徒たちの回想録や預言者の書が朗読されたと記されています。

典礼暦年は、四世紀初頭のローマ帝国でのキリスト教公認以降に整っていきました。同時に、特定の日に特定の箇所を聖書から選んで朗読する朗読法も、典礼暦年の発展とともに定着していきました。主日のミサの朗読の数はまだ一定しておらず、三、四、五、六箇所などさまざまでした。たとえば、四世紀末に書かれた『使徒憲章』または『使徒教憲』は、律法、預言書、使徒書簡、使徒言行録、福音朗読などから複数の箇所が朗読されたことを伝えています。

また、朗読の時に何を用いて朗読したのかも時代によって進展が見られます。四－五世紀には、聖書の写本から直接朗読するため、ページの余白に朗読の始まりと終わりを示す印が記入されました。六－七世紀になると、ミサで朗読する聖書本文を抜粋してまとめた朗読用聖書（レクツィオナリウム）が編集され、福音の朗読用と書簡の朗読用に分けて作られることもありました。

中世になると、典礼は聖職者を中心に執り行われ、またラテン語を使用していたため、一般の信徒の典礼理解は残念ながら進みませんでした。聖書朗読も司祭がラテン語で行うようになったため、朗読用聖書を別に編集するのではなく、司祭が使うミサ典礼書の中に朗読箇所も記載されるようになりました。

『ローマ・ミサ典礼書』

トリエント公会議（一五四五－六三）では典礼に関する大幅な改訂には着手されませんでしたが、公会議後の一五七〇年に教皇ピオ五世によって新しい『ローマ・ミサ典礼書』が発布されました。この『ローマ・ミサ典礼書』は、発布からちょうど四〇〇年後の一九七〇年に、第二バチカン公会議の典礼刷新を受けて準備された『ローマ・ミサ典礼書』が発布されるまで、部分的な修正を加えて用いられてきました。

この一五七〇年の『ローマ・ミサ典礼書』の本文には、すべての朗読箇所が印刷され、それを司祭がラテン語で朗読しました。復活徹夜祭を除いて、主日と祝祭日には書簡と福音から選ばれた二つの朗読が行われました。朗読配分は一年周期が採用され、旧約からの朗読は、週日を除くと主の公現、聖金曜日、復活徹夜祭に限られ、マルコ福音書からは四回、使徒言行録からは三回、黙示録はゼロ回など、朗読配分には偏りがあったと言わざるを得ません。

第二バチカン公会議後の典礼暦年と聖書朗読配分の改訂

第二バチカン公会議後は、『典礼憲章』第五章の方針に従って、典礼暦年の改訂が始められ、新しい典礼暦年に関する原則と典礼暦が一九六九年三月に発表されました。そして、この作業と並行して、以下の原則に従って聖書朗読配分の改訂が進められました。「神のことばの食卓がいっそう豊かに信者に供されるために、聖書の宝庫がより広く開かれなければならない。こうして、一定の年数を周期として、聖書の主要な箇所が会衆に朗読されることになる」（『典礼憲章』51）。

こうして改訂されたミサの朗読配分は、新しい典礼暦年の発表から二か月後の一九六九年五月に発表されました。この配分は一九八一年に改訂版が発表され今日に至っています。また、この朗読配分の「緒言」には、ミサの聖書朗読の意義や朗読配分の構造、ことばの典礼の奉仕者の役割などについて詳しく述べられており、『朗読聖書の緒言』として翻訳されています。

聖書朗読配分の原則

この新しい聖書朗読配分が作られるにあたっての原則を、以下の四点から説明したいと思います。

①聖書は典礼祭儀の主要な構成要素である

聖書は典礼における説教や詩編の歌の源泉です。また、祈願や聖歌は聖書から霊感を受けて生まれ、典礼行為としるしの意味を聖書に見いだすことができます。聖書は、典礼において欠かすことのできない最重要の要素の一つなのです（『典礼憲章』24）。

また、「キリストはご自身のことばのうちに現存しておられる。聖書が教会で読まれるとき、キリストご自身が語られるからである」（同7）と言われるように、その日に記念する救いのわざを「きょう」の出来事として現在化するためにも、聖書の朗読は不可欠です。

②主日と祝祭日の聖書朗読配分を優先する

主の日の集会は、安息日に行われるユダヤ教の礼拝から独立したキリスト者固有の集会として、初期の時代から大切にされてきました。第二バチカン公会議の刷新では、こうした初代教会の実践を踏まえて主日の重要性が再確認され、主日を「信者の信仰心に明示し、刻み込まなければならない根源的な祝日」（『典礼憲章』106）と位置づけました。主日と祝祭日のミサのためには聖書の重要な箇所が選ばれているため（『朗読聖書の緒言』65）、それらを別の箇所に変えてしまうことは望ましくありません。

③朗読聖書にはより多くの箇所を採用する

前述したように、聖書の宝庫をより広く開く（『典礼憲章』51）という方針に基づいて、現在のミサの聖書朗読配分は整えられています。典礼暦年の中で記念するキリストの救いの出来事の多様な側面を思い起こすためにも、偏ることなく旧約と新約から朗読箇所が選ばれ、神による救いの歴史全体が提示されるのです。

④教会の伝統を踏まえつつ現代に適応させる

第二バチカン公会議の目的は、教会の「現代化（アジョルナメント）」でした。これは単に現代の新しい要素を導入すればよいということではなく、教会において保たれてきた伝統との連続性を視野に入れて行うことが必要です。

典礼に関してもこの精神は大切にされ、「新しい形態が、すでに存在している形態から、何らかの形で有機的に生じるよう慎重に配慮」することが求められています（『典礼憲章』23）。現在の聖書朗読配分も伝統的に用いられてきた箇所を踏まえつつ、現代の教会の司牧的側面を考慮して準備されました。

聖書朗読配分の特徴

このような原則のもとで作られ、典礼暦年の展開に合わせて用いられているミサの聖書朗読配分（一九八一年改訂）の特徴を見てみましょう。

①キリストの過越の神秘が中心

第二バチカン公会議の典礼刷新全体を貫いているのが、キリストの過越の神秘を記念するという側面です。神による救いの歴史の頂点であるキリストのあがないの記念は、毎日のミサで行われます。それぞれのミサで行われる神のことばの朗読は、感謝の典礼で祝われるキリストの死と復活の記念と結ばれて、ミサという一つの礼拝行為をなし、賛美のいけにえがささげられます(『朗読聖書の緒言』10)。

②一五七〇年の『ローマ・ミサ典礼書』からの連続性

すでに述べたように、典礼の新しい要素は伝統的な形態との有機的なつながりを念頭において導入されるべきものです。私たちが現在のミサで用いている聖書朗読配分では、トリエント公会議後に発布された『ローマ・ミサ典礼書』(一五七〇年)の主日と祝祭日の聖書朗読のうち、およそ六割の朗読が採用されています。

③三年周期の朗読配分

A年、B年、C年という、主日の福音朗読に基づく三年周期の配分によって、一年周期であった第二バチカン公会議以前の配分の四倍弱の箇所が聖書から朗読されることになり、神のことばの豊かさに触れる機会が提供されています。

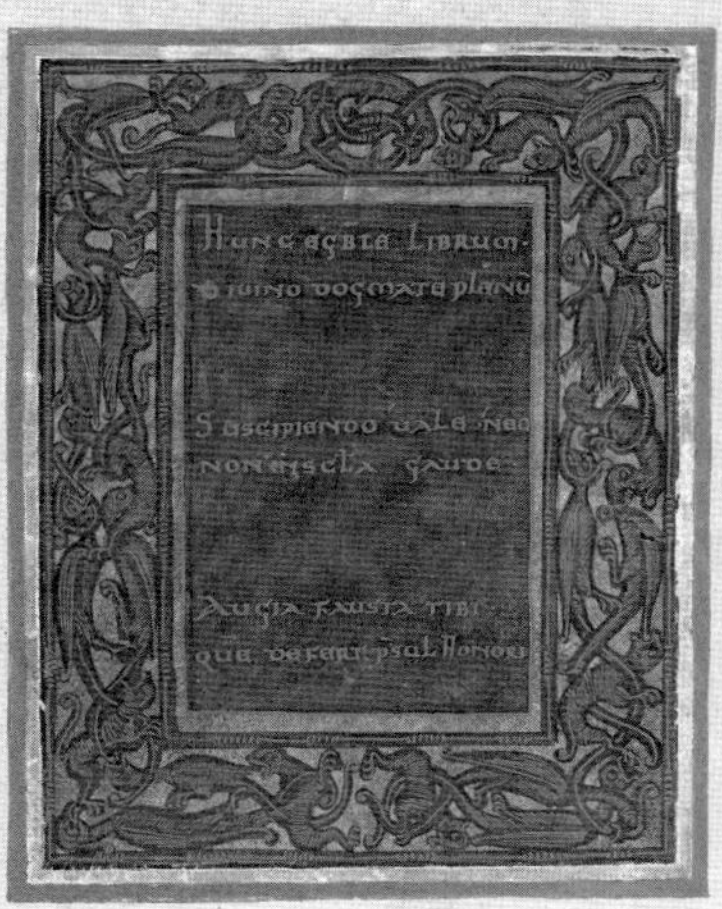

エグベルト朗読福音書の表紙

エグベルト（678-766年）はヨークの大司教。ノーサンブリア王ケオルウルフ（Ceolwulf, 在位 729-37年）の甥。

ローマに学び、732年ヨークの司教となり、735年、聖グレゴリウス３世から同教区を大司教区とする認可を得る。教区の組織化、教会、修道院、学校設立に尽力。ベダ・ヴェネラビリスの弟子で、生涯その影響を受けた。典礼と教会法についての著作を残している。

④主日と祝祭日の三朗読

主日と祝祭日のミサでは、三つの朗読が行われます。復活節中などに多少の例外はありますが、原則として第一朗読は旧約から、第二朗読は新約（書簡または黙示録）から選ばれ、福音朗読へと続いていきます。このような配列によって、「旧約と新約、および救いの歴史の一貫性」を明らかにすることが意図されています（『朗読聖書の緒言』66①）。

三つの朗読のうち福音朗読が中心であることは言うまでもありません。「キリストが典礼祭儀全体の中心であり充満であるように、キリストはやはり聖書全体の中心であり充満」です（同5）。このことは、福音朗読に特別な典礼行為が伴うことからも分かります。たとえば、朗読福音書を祭壇から朗読台に運ぶこと、朗読前に献香が行われること、朗読前の額・口・胸への十字架のしるし、福音朗読前後の朗読者と会衆との応唱のことば、などです。

復活節を除いて、第一朗読は通常、旧約から朗読されます。復活したイエスはエマオに向かう道すがら、二人の弟子たちに、「モーセとすべての預言者から始めて、聖書全体にわたり、御自分について書かれていることを説明された」（ルカ24・27）と記されています。

イエス自身と初期キリスト者にとっての「聖書全体」とは旧約の部分を指しますが、この旧約をミサで朗読するのは、「旧約聖書の全文書は福音の宣教で取り上げられ、新約聖書の中でその完全な意味を獲得し明示し、また逆に新約聖書を照らし説明しているから」にほかなりません（『神の啓示に関する教義憲章』16）。

第二朗読では、一五七〇年の『ローマ・ミサ典礼書』と古代のローマ教会の習慣を受け継いで、使徒書が朗読されます。四福音書以外の新約の各書を通して、「神の知恵ある計画に基づき、主キリストに関することがらが確証され、その本来の教えがますます明らかにされ、キリストの神的なわざの救いの力がのべ伝えられ、教会の始まりとその驚くべき発展が語られ、その栄光に輝く完成が予告され」ます（同20）。

⑤朗読の選択と配分の原則

現在のミサの朗読配分の基本に、「主題の調和」と「準継続朗読」があります。

「主題の調和」は、とくに第一朗読で読まれる旧約と福音朗読との間に見られます。福音朗読では、典礼暦年の展開に合わせてふさわしい救いの秘義が選ばれて朗読され、その出来事と関連の深い箇所が旧約から選ばれ、救いの歴史の一貫性、預言の成就が明確に示されます。また、特定の救いの神秘に焦点を当てるのではなく、キリストの神秘全体を記念していく「年間」の主日では、原則として第二朗読の使徒書と福音朗読は聖書の流れをできる限り尊重して準継続的に朗読されていきます。

他教派への影響

以上のようなミサの聖書朗読配分の改訂は、早い時期から他の教派にも影響を及ぼしました。たとえば、北米とカナダの諸教派では一九七〇年代から、カトリック教会の聖書朗読配分に修正を加えて独自の朗読配分を考案しました。

プロテスタント教会においては、共通本文評議会（The Consultation on Common Texts）のイニシアティブによって、一九八三年に『共通聖書日課（*The Common Lectionary*）』を作成し、一九九二年にはその改訂版として『改訂共通聖書日課（*The Revised Common Lectionary*）』が発表されました。

さらに、英国の超教派の団体ジョイント・リタージカル・グループ（The Joint Liturgical Group）は、一九六七年に『教会暦と聖書日課（*The Calendar and Lectionary*）』を発表しました。日本基督教団ではこれに準拠した新しい教会暦を一九七五年に発表し、一九八

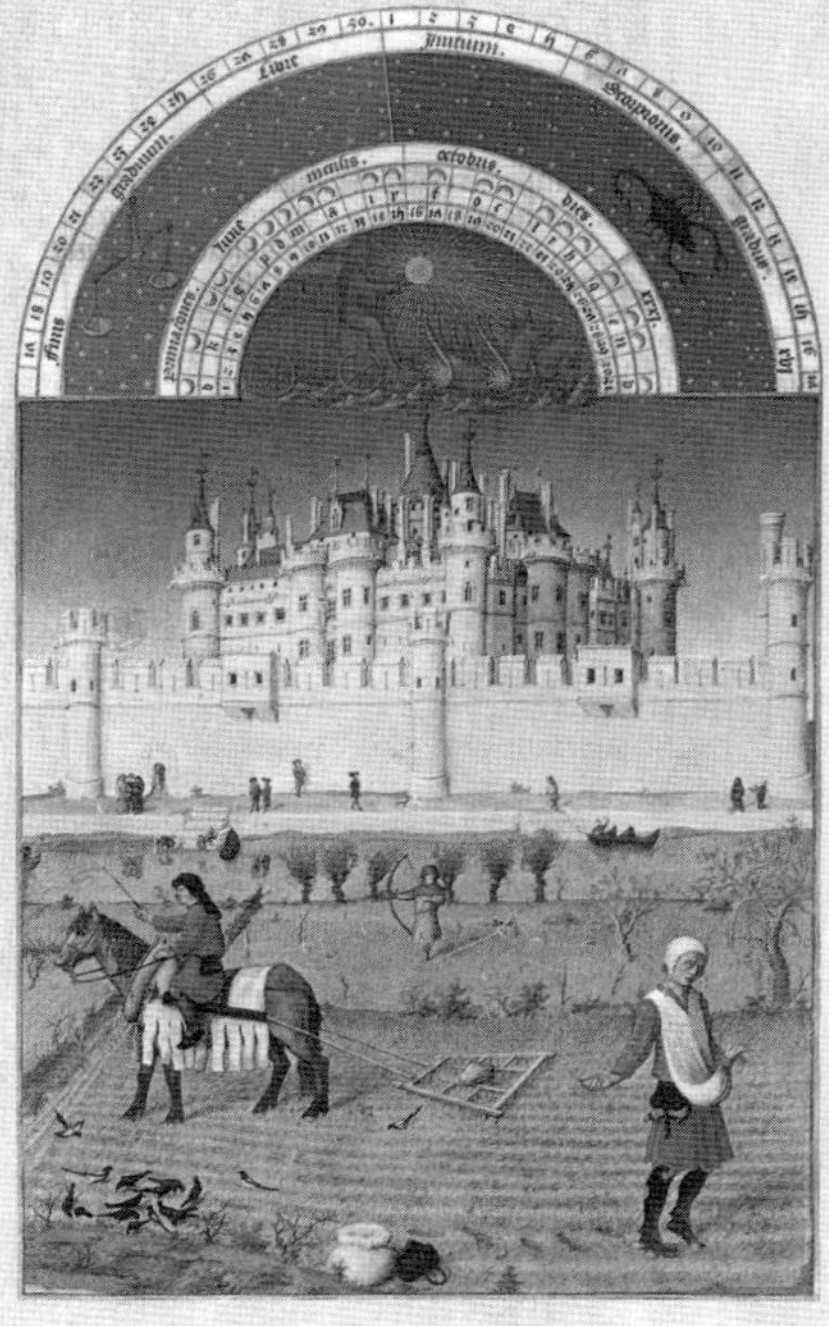

『ベリー公のいとも豪華なる祈祷書』10月篇
フランス シャンティイ 1414-16 コンデ美術館蔵
季節の労働や貴族の生活の光景を各月に合わせて描く暦篇と、聖書の場面を描く聖書篇からなる。10月篇では種蒔きの光景を描いている。

七年からは三年周期に改訂した聖書日課を試用しました。さらに、このグループは、ヨハネ福音書を継続的に朗読する年を加えた四年周期の主日の朗読配分『四年サイクル主日聖書日課（*A Four Year Lectionary*）』を発表しました。日本基督教団では二〇〇〇年から、この四年周期の主日の聖書日課を採用することができるようになっています（『新しい教会暦と聖書日課――四年サイクル主日聖書日課を用いるために』参照）。

イエスの「生きた声」を聞く

教会が聖書朗読を大切にしてきたのは、イエス自身が聖書を朗読し（ルカ4・16以下）、聖書から歌い（マルコ14・26）、唱えた（マタイ27・46）からにほかなりません。そして、教会で聖書が朗読されるとき、イエス自身がそのことばのうちに現存され（『典礼憲章』7）、私たちは典礼の中でイエスの「生きた声」を聞くのです。

救いの出来事は、典礼の中で神のことばを「告げること」と「聞くこと」によって現実のものとなります。そのために、神のことばを告げる朗読奉仕の務めは非常に重要です。同じように、会衆には告げられることばを聞く務めがあることを忘れてはならないでしょう。ミサの間、『聖書と典礼』や『毎日のミサ』などの会衆用式次第に記載された聖書本文を、朗読を聞きながら黙読していることが多いのではないでしょうか。

しかし、こうした会衆用式次第はミサに参加するための補助的な手段であり、会衆はできるだけ顔を上げて、朗読を「聞く」ことに集中することが大切です。またそのためには、朗読の担当者は聞いて分かりやすい朗読となるよう心がけなければなりません。両者がこのような意識をもつことによって、聖書に文字として記され、保たれてきた神の「声」は、典礼において再び生きた「声」となって響き渡るのです。

第二バチカン公会議以降の公文書では、典礼には神の民を養う二つの食卓、すなわち神のことばの食卓とキリストのからだの食卓があると強調されています（『典礼憲章』51、『神の啓示に関する教義憲章』21）。一年を周期とする典礼暦年の展開に合わせて選ばれた豊かな聖書朗読は、私たちの信仰を養うことばの食卓なのです。

◆キーワードとポイント◆

■初期のキリスト教においては、キリスト者の集いである主日の集会の中で聖書が朗読されていたことは、殉教者ユスティノスの『第一弁明』（一五〇頃）に記載。当時の主の日の集会では、すでに現在のようなことばの典礼と感謝の典礼に当たる構成が見られ、集会の前半において、使徒たちの回想録や預言者の書が朗読されたと記録。

■典礼暦年は、四世紀初頭のローマ帝国でのキリスト教公認以降に整っていき、同時に、特定の日に特定の箇所を聖書から選んで朗読する朗読法も、典礼暦年の発展とともに定着。

■トリエント公会議では典礼に関する大幅な改定には着手されなかったが、公会議後の一五七〇年に教皇ピオ五世によって新しい『ローマ・ミサ典礼書』が発布。この本文には、すべての朗読箇所が印刷され、それを司祭がラテン語で朗読。

■第二バチカン公会議後は、『典礼憲章』第五章の方針に従って、典礼暦年の改訂が始められ、新しい典礼暦年に関する原則と典礼暦が一九六九年三月に発表。

■「神のことばの食卓がいっそう豊かに信者に供されるために、聖書の宝庫がより広く開かれなければならない。こうして、一定の年数を周期として、聖書の主要な箇所が会衆に朗読されることになる」（『典礼憲章』51）の原則に従って聖書朗読配分の改訂が進められた。

■聖書朗読配分の原則は、①聖書は典礼祭儀の主要な構成要素である、②主日と祝祭日の聖書朗読配分を優先する、③朗読聖書にはより多くの箇所を採用する、④教会の伝統を踏まえつつ現代に適応させる。

■聖書朗読配分の特徴は、①キリストの過越の神秘が中心、②一五七〇年の『ローマ・ミサ典礼書』からの連続性、③三年周期の朗読配分、④主日と祝祭日の三朗読、⑤朗読の選択と配分の原則。

■教会が聖書朗読を大切にしてきたのは、イエス自身が聖書を朗読し、聖書から歌い、唱えたから。教会で聖書が朗読されるとき、イエス自身がそのことばのうちに現存され（『典礼憲章』7）、私たちは典礼の中でイエスの「生きた声」を聞く。

実践編

ラヴェンナの洗礼堂（５世紀）

第7章　聖書による入信準備、信仰生活への導き

キリストに出会い、生涯をともにする

信仰は神に呼びかけられた人間のこたえです。信仰を伝えるのは教会です。教会は「だれを信じるか」、「何を信じるか」を伝えようとします。入信準備とは、教会がキリストを紹介し、入信志願者がキリストに出会う手助けをすることだともいえます。

教皇庁聖職者省が一九九七年に出した「カテケージス一般指針」（以下「一般指針」）や同典礼秘跡省が二〇一四年に発行した「説教指針」などを手がかりに、信仰の源泉である聖書と信仰の内容をまとめたカテキズムのつながりを確かめ、入信の準備として行われるカテケージスが、入信志願者と教会共同体がキリストとともに歩むことを確認する場であることを理解したいと思います。

信仰教育（カテケージス）の目的はキリストとの出会い

カテケージスとは「創造主かつあがない主である神、そしてわたしたちのところに来て、わたしたちの肉を取り、それぞれの人間だけでなく、人類の歴史の中に入られ、その中心となられる御子を示すこと」（「一般指針」52）です。ですから「イエスの生涯を物語る福音書はカテケージスのメッセージの中心に位置します」（同98）。

キリストとの出会いに福音書が欠かせないことは、次のように述べられていることからも確認できます。

「福音書は、それが記録される前は、キリスト教共同体に対する口頭の教えの集成なので、それらは、ある程度、一種の要理教育的構造を示しています。聖マタイの物語は要理教師の福音書、そして聖マルコのそれは洗礼志願者の福音書と呼ばれたのではないでしょうか」（教皇ヨハネ・パウロ二世使徒的勧告『要理教育』11）。

「カテケージスの目的は、イエス・キリストとの交わりを促進すること」（「一般指針」30）です。

「聖書についての無知はキリストについての無知」（聖ヒエロニモ『イザヤ書注解』）ですから、キリストとの出会いのためには聖書を知ることが不可欠となります。

キリストとの出会いの場である典礼

「聖書が教会で読まれるとき、キリストご自身が語られる」（第二バチカン公会議『典礼憲章』7）。キリストの現存の場である典礼、特に主日の感謝の祭儀はキリストとの出会いの卓越した場です。

神のことばの典礼において、説教は特別な地位を占めています。なぜならそれは、「カテケージスによって提示された信仰の道程を再び巡って、その本来の完成へと導くと同時に、主の弟子たちが、毎日、自分たちの霊的道程を真理と礼拝と感謝のうちに辿り直すよう促している」（「一般指針」70参照）、つまり聖書のことばとキリスト者の生活を結ぶものだからです。

「説教指針」

説教は信仰者としての個人の歩みに向けられると同時に、共同体にも向けられています。この世を旅する神の民は、「神のことば」と「キリストのからだ」から糧を得ますが、この糧を受けて、福音に生きるように、またキリストのからだとして生きるように力づけるのです。神を愛し、その具体化として目の前の人の隣人となる生き方、この世におけるキリスト者の召命として心身にかかわるいつくしみのわざに取り組むよう説教を聴き取らせるのが聖霊です。聖霊はキリストが何を望んでいるかを判断と行動の基準とするよう励まし、信者の共同体は、聖霊の導きに忠実であるように努めます。

そのため、「説教指針」は、三年周期で行われる主日の福音朗読と教会の伝承の現代的表現である『カトリック教会のカテキズム』にまとめられた信仰の内容とのつながりを明らかにしています（巻末の資料4～7「主日のミサの聖書朗読配分と『カテキズム』の対応の例」参照）。このように、要理教育と典礼とが不可分であることが明確に示されているのです。

カテケージス（信仰教育）の主体は教会

「真の要理教育はつねに、神がご自分についてイエス・キリストにおいてなされた啓示を秩序立てて、体系的に教えるものです。この啓示を教会は自分の深い記憶と聖書に保存し生きた行動的伝承を通して絶えず世代から世代へと伝えました」（「一般指針」66参照）。聖書と典礼とカテキズムは同じ信仰を表現し、伝えるものです。

カテケージスは、救いの歴史の三段階、すなわち、旧約の主な出来事（イスラエルの民の体験）、イエスの生涯（イエス・キリストのことばとわざ）そして教会の体験（歴史）を源泉に、信仰を「信仰宣言」「典礼・秘跡」「十戒」「主の祈り」という四つの柱にまとめて解き明かす形で行われてきました。

神の民は福音の経験と信仰を伝えます。入信の準備は神の呼びかけにこたえる一人ひとりの歩みであると同時に、この呼びかけを伝え、こたえる生き方をあかしする教会の信仰の中で行われるものですから、入信志願者と教会共同体はいわば信仰の対話を続けています。入信の秘跡にあたって代父母の存在が大切にされるのは、代父母が求道者と対話する教会共同体の見える姿だからです。そしてこのことは、入信準備にあたって入信志願者に同伴する教会共同体のメンバーの存在が、どれほど意味をもつかに気づかせてくれます。

入信志願者と教会共同体

入信のカテケージスは、教会共同体の日常に負うところが大きいものです。教会共同体はキリストが今も救いのわざを続けておられる見えるしるしであり、キリストを信じ、キリストと祝い、キリストと生き、キリストと祈る共同体であると言えます。入信準備は志願者をこの共同体に溶け込ませるものです。入信のカテケージスは志願者の導きと同時に

信仰宣言
〔信じる〕

典礼・秘跡
〔祝 う〕

「『カテキズム』の四つの柱」

十 戒
〔生きる〕

主の祈り
〔祈 る〕

救いの歴史の三段階

① 旧約の主な出来事
〔イスラエル（神の民）の体験〕

② イエスの生涯
〔イエス・キリストのことばと業〕

③ 教会の体験
〔歴史（教会史）〕

共同体の課題を実現していくのです（「一般指針」68参照）。

こうして、教会共同体は入信志願者とともに成長していきます。入信の秘跡は、志願者が教会の信仰を受け継ぎ、自分のものとし、自ら告白することによって初めて行われます。入信は教会の宣教活動の実りであり、教会の司牧活動の始まりとなります（同64参照）。

キリストとの出会い「レクチオ・ディヴィナ」

「だれを信じるか」と「何を信じるか」は、もちろん信仰の二つの側面であって別のものではありません。聖書を読むとは、そこに記されている大切なこと、本当のことを知るだけでなく、ことばの主である神の心に触れる——ちょうど、手紙を読む時に送り主の心に触れるように——ことなのです。

このような聖書の読み方として、「レクチオ・ディヴィナ」があります。レクチオ・ディヴィナの基本的段階は以下のとおりです（教皇ベネディクト一六世使徒的勧告『主のことば』87参照）。

「読む」——聖書のテキストはそれ自体として何を述べているか。

「黙想する」——聖書のテキストは私たちに対して何を述べているか。

「祈る」――私たちは、みことばにこたえて、主に何を述べるのか。

「観想する」――主は、私たちが思いと心と生活をどのように転換することを望んでおられるか。

そして、教皇によれば、五番目の段階は「行動」です。キリスト信者は生活を愛のわざによって他者にささげるように励まされるのです。

入信は信者としての信仰生活の出発点であり、そこから生涯にわたる信仰の養成が続きます。聖書はつねにカテケージスの源泉です。祈りの内容やしるしの意味を説明し、キリスト自身が語られる場を整える典礼的な養成は、神の民、教会としてキリストと生涯をともにする意識を保たせるものです。

また、さまざまな問題を福音の視点から読む「教会の社会教説」も、社会や世界が福音の教えと合致しているか、現代の問題は福音に照らしてどのように理解されるか、問題に直面してどのように行動することができるか、を教会自身に問うものです。

聖書が伝える神の呼びかけと人間のこたえの歴史は、生涯の出来事に対して、自らの理解を超えた計画への信頼と、神の摂理に対する希望を引き出すといえるでしょう。

霊的読書 (Lectio Divina) の基本的なステップ

信者が神のことばの宝に触れ、生きた神のことばであるキリストと出会うために

①「読む」(Lectio)
聖書のテキストは、それ自体として
何を述べているか

②「黙想する」(Meditatio)
聖書のテキストは、私たちに対して
何を述べているか

③「祈る」(Oratio)
私たちは、みことばにこたえて
主に何を述べるのか

④「観想する」(Contemplatio)
主は、私たちが思いと心と生活を
どのように転換することを望んで
おられるか

⑤「行動する」(Actio)　生活を愛のわざによって他者にささげる

聖書による入信準備と入信後の導きの一例

主日の典礼を通して行われていく入信準備のほかに、入信に向けた一人ひとりの歩みに同伴する入信準備を欠かすことはできません。典礼における説教が叙階された役務者に委ねられているのに対し、入信前後の同伴は、洗礼を受けたすべての信者、とくに直接入信準備に携わる人に委ねられた務めです。

具体的な教会生活への手引きと同時に求められるのは、キリストと出会う道のりをともにするということです。それでは、どのような進め方ができるのでしょうか。

次ページの表（「同伴者用テキストの聖書配分」）は、ある小教区が作成した同伴者用テキストから抜粋した聖書の配分です。この小教区では各入信志願者に一人ずつ同伴者がおり、入信準備に二年、入信後に一年、典礼以外の集まりを年に一〇回もちます。志願者に与えられるのは聖書だけで、指示された聖書の個所を前もって読み、いくつかの質問に答えを準備してくることになっています。ここでは割愛していますが、テキストには、同伴者が集まりの中で最低限必要な説明を行えるよう、簡単な解説も用意されています。実際の経験に基づいた「聖書による入信準備」の例として参考にできるでしょう。

例に挙げたテキストに限らず、フランシスコ会訳聖書のような注記の豊富な聖書や、平

入信後の導き

和解の秘跡

罪と悪

何をなすべきか　ルカ10・25-37
最も小さな者にしたこと　マタイ25・35-40
だれが罪を犯したのか　ヨハネ9・1-5

ゆるし―和解―回心

洗礼者ヨハネの説教　マルコ1・1-15
十字架の上でイエスはゆるしを与える　ルカ23・34
ゆるされた者、ザアカイ　ルカ19・1-10
放蕩息子　ルカ15・11-32
罪深い女　ルカ7・36-50
姦通の女　ヨハネ8・1-11
神が遣わされた者
　二コリント5・17-20、エフェソ2・13-18

秘跡の祭儀

罪はゆるされる　ヨハネ20・21-23
罪のゆるしを告げる　ルカ24・45-46
中風の人　マルコ2・1-12
パウロにとって重大な罪　一コリント6・9
ゆるす　マタイ18・15-18, 22
いつくしみのたとえ　ルカ15・3-7, 8-10, 11-32

今日のキリスト者

自由への招き

聖霊の実　ガラテヤ5・1, 13-26
聖霊を悲しませないように　エフェソ4・30〜5・20
従うかたイエス　フィレモン2・4-12
イエスはみことばを聴く　ヘブライ10・5-20
イエスは律法を完成する　マタイ5・17-20

慰め主、聖霊

真理の霊　ヨハネ14・12-21
父から出る　ヨハネ15・26-27
いうことはたくさんある　ヨハネ16・12-13
聖霊に導かれる　ローマ8・14-17
聖霊はわたしたちの祈りを助ける　ローマ8・26-27
聖霊によるいのち　ローマ8・1-11
わたしの霊を与える　エゼキエル36・26-27

証し人となる

わたしの証人とはあなたがたのこと
　イザヤ43・9-12
わたしの証人となる　使徒言行録1・8
復活の証人　使徒言行録10・39-43
証しするのは三つ　一ヨハネ5・5-11
いのちが示された　一ヨハネ1・1-4

エウカリスチアを生きる

感　謝

聖木曜日の夜　ルカ22・14-20
主の晩餐　一コリント11・17-26
パンを裂く　使徒言行録2・42-47、20・7-12
マリアの歌　ルカ1・46-55

賛美のいけにえ

いけにえではなくいつくしみを
　マタイ9・13、12・7、ホセア6・6
空しいささげもの　イザヤ1・10-20
ふさわしいこと　ミカ6・6-8
感謝　詩編50・14, 23、ホセア14・3、ヘブライ13・15
キリストのいけにえ　ヘブライ10・5-7、詩編40・7
キリスト者のいけにえ　ローマ12・1

教会のメンバー

神の家　エフェソ2・13-22
すべての国々から　マタイ28・19-20

キリストの復活とわたしたちの復活

キリストは復活した　一コリント15・12-20, 35-55
無知のままでいないように　一テサロニケ4・13-14
イエス・キリストとともにある死といのち　ローマ6・3-8
死者は御子の声を聞く　ヨハネ5・21-28

出典：Philippe Béguerie, Michèle Pigé et le Catéchumenat de Saint-Lambert de Vaugirard "Un chemin de vie" Les Éditions de Cerf, Paris 2001

同伴者用テキストの聖書朗読配分

入信の準備	
A　年	B　年
神の友、信じる者の父、アブラハム	イエスは弟子を呼ぶ
創世記12・1-4、ヘブライ11・8-10, 13-16 詩編40	マルコ1・14-20, 35-39 詩編139
モーセの召命	イエスは人生を変えに来られる
出エジプト記3・6-12、4・10-13 詩編119	ルカ5・27-32、19・1-10 詩編119
神はダビデを選ばれた	神のことばを受け入れる
サムエル記上16・1-3 詩編25	ルカ8・4-15 詩編19
神の子イエスの到来	神はわたしたちとともにおられる
ルカ1・26-38 ルカ1・46-55マリアの賛歌	マタイ1・18-25 詩編85
諸国民から認められるイエス	これはわたしの愛する子
マタイ2・1-12、民数記24・15-17 イザヤ9・1-6	マルコ1・9-12 イザヤ61・1-2、42・1-7、49・1-7
イエスは父を啓示する	神の国の幸い
マタイ11・25-30 詩編111	マタイ5・1-11 サムエル記上2・1-10
洗礼と出エジプト	イエスの過越
一コリント10・1-5, 11-13、申命記8・2-6 詩編16	マルコ14・1～16・8 詩編22
復活した主の現存を知る	イエスは弟子の足を洗う
ルカ24・13-35 詩編116	ヨハネ13・1-7
聖霊のたまもの	もしあなたが神のたまものを知っていたなら
使徒言行録2・1-14、創世記11・1-9	ヨハネ4・5-26
神はわたしたちのうちに住まわれる	わたしたちはキリストの体
ヨハネ15・1-17 詩編145	一コリント12・12-17

※この例では、入信志願者と同伴者が組になり、祈りと神のことばに導かれながら入信準備を進めていく。そして、月に一度（年に10回：9月から6月）はすべての組がともに集まり、祈りと与えられた神のことばから、大切な教えや信じる民の歴史、典礼暦とのかかわりなどを確かめていく。期間は二年間が想定されている。さらに入信後に一年間、新受洗者の信仰教育として、同様の集まりを継続する。同じ神のことばを個別の組としても集まりとしても受けとめるのは、一人ずつ異なった人生を歩むキリスト者が集う主日の典礼で、同じ神のことばをともに受け止めていくことにもつながる。

易な言葉でカテキズムがまとめられた『カトリック教会のカテキズム要約』あるいは『YOUCAT』（ともにカトリック中央協議会発行）などを活用することで、同伴者は聖書による入信準備の際に求道者の理解を助けることができると思います。

目に見えるしるし――信者の共同体

ナザレのイエスは目に見えない神の見える姿でした。このイエスがキリストとして地上で弟子たちを集め、ご自分のわざを広く伝えさせたのです。受難・復活・昇天の後、見えなくなったキリストの見える姿となったのは、イエスの弟子たちの集まりすなわち教会でした。キリスト者は、キリストの見える姿であるよう洗礼によって聖霊を注がれています。キリストの見える姿であるよう励まされているキリスト者は、洗礼によっていわば秘跡となるともいえるのです。教会が入信志願者にキリストを紹介し、志願者がキリストの存在を感じ、キリストと対話し、キリストに生涯を委ねて歩み始める。そのためにも、信者の共同体がキリストの現存の目に見えるしるしでいられるよう、絶えず努める必要があります。自らがキリストの存在を意識し、キリストといつも対話し、キリストに毎日の生活を委ねる中で、教会共同体のメンバーが自分ではなくキリストを伝えられたとき、初めて入

聖ベネディクト（480頃 - 547）

西方教会における修道制度の創設者と呼ばれる聖ベネディクトは、修道生活の『戒律』を定め、「従順・貞潔・清貧」「祈りそして労働」という現在まで続く観想修道会の基礎を作った。この戒律には、信仰を養うための「聖なる読書」（レクチオ・ディヴィナ）の重要性も示されており、毎日適切な時間をとるように規定されている。

（『新カトリック大事典』参照）

信のカテケージスは実現するといえるでしょう。そのとき、入信志願者は、信者の共同体を通して自分の生涯をともに歩んでくださるのはキリストご自身であることに気づくのです。

◆キーワードとポイント◆

■信仰教育（カテケージス）の目的はキリストとの出会い、御子を示すこと。イエスの生涯を物語る福音書はカテケージスのメッセージの中心。

■信仰は神に呼びかけられた人間のこたえ。信仰を伝えるのは教会。教会は「だれを信じるか」、「何を信じるか」を伝えようとする。

■「聖書についての無知はキリストについての無知」（聖ヒエロニムス）であり、キリストとの出会いのためには聖書を知ることが不可欠。

■キリストの現存の場である典礼、主日の感謝の祭儀はキリストとの出会いの卓越した場。神のことばの典礼において説教は特別な地位を占める。

■カテケージスは、救いの歴史の三段階「旧約の主な出来事」「イエスの生涯」「教会の体験（歴史）」を源泉に、信仰を「信仰宣言」「典礼・秘跡」「十戒」「主の祈り」という四つの柱にまとめて解き明かす形で行われてきた。

■キリストを信じ、キリストと祝い、キリストと生き、キリストと祈る教会共同体は、キリストが今も救いのわざを続けておられる、見えるしるし。

■入信準備は志願者を教会共同体に溶け込ませるもの。入信は信者としての信仰生活の出発点、そこから生涯にわたる信仰の養成が続く。聖書はつねにカテケージスの源泉。

■聖書を読むとは、そこに記されている大切なこと、本当のことを知るだけでなく、ことばの主である神の心に触れること。「レクチオ・ディヴィナ」の基本的段階は、「読む」「黙想する」「祈る」「観想する」、そして「行動する」。

■入信前後の同伴は洗礼を受けたすべての信者、とくに直接入信準備に携わる人に委ねられた務め。具体的な教会生活への手引きと、キリストと出会う道のりをともにする。

■志願者がキリストの存在を感じ、キリストと対話し生涯を委ねて歩み始めるために、共同体がキリストの現存の目に見えるしるしでいられるよう、絶えず努める必要がある。

第8章　信仰の同伴①――信頼から信仰へ

相手を知り、福音を告げ知らせ、信仰に導く

教育現場と同様に、福音宣教の場合も働きかけの対象となる相手をよく知り、十分な情報を持ち合わせることが大事な第一歩です。これは教育学で強調される「現場の理論」に基づくものです（ドイツ人心理学者クルト・レヴィン〔1890–1947〕*The field theory* 参照）。

例えば、新しい店舗を開くことになった場合、その近辺の消費者や市場の状況を分析し、利益の可能性を検討したり、将来性を見通したりするのではないでしょうか。それと同じように、福音宣教を始める前に、その「場」をよく見つめ、その状況を考慮して、計画の段階に入ることになります。

数百人の信者の前に立ってごミサを捧げ、ホミリア（説教）を行うことは、数人の前で行うこととはだいぶ状況が違います。その状況に合う心の姿勢、言い方、声の調子を調整

するだけの柔軟性が求められ、それによって霊的な実りが違ってきます。

指導をする相手と聖霊の働き

個人指導の場合は、まず、相手は何がきっかけになって教会にやってきたのか、言い換えれば、どのようにして聖霊がその人の心の中で働いておられるかを突き止めることが大切です。それは、好奇心ではなく、司牧的な必要から行うように気をつけなければなりません。相手を取り巻いている環境や、置かれている状況、それぞれが抱えている問題を受け止め、それらを考慮して寄り添っていくことがポイントではないでしょうか。

指導をする相手の健康、特に精神的な面での健康の情報を上手に得ることも大事であり、それによって予測できない、後になって起こり得る問題を避けることに役に立つと思います。具体的に言いますと、発達障害の場合は、軽度であっても全く違ったアプローチが必要だと考えなければなりません。

相手が愛されていると感じるために

これだけの準備態勢ができた上で、次に大切なことは、優しい眼差しや笑顔です。これこそ主イエスの心をもって人を迎えることであり、キリスト教的なシンパシーを感じさせることになるのではないでしょうか。

サレジオ会の創立者聖ヨハネ・ボスコは次のように述べています。「愛するだけでは足りません。相手が愛されていると感じなければなりません」。ドン・ボスコの教育法の中心にあるこの原理は福音宣教にも当てはまります。決して宣教する側の自己満足やその他の動機のためではなく、人に対する愛徳心に駆られて行っているということを相手が感じなければなりません。

その意味で、み言葉を伝えることや主イエスに従っていくことの素晴らしさなどを求道者に感じさせることは、聖霊やカリスマの問題だけでなく、多少、技術的な問題でもあると思います。

信頼関係の構築

み言葉やイエス様の愛の道の伝達のために、相互信頼はとても大切です。信頼があればあるほど、心が通じるのです。信頼関係も簡単に構築できるものではなく、特に日本においては、相当な時間がかかることもあります。主イエスに従って、教会の一員としてキリスト者らしい生活をすることは、一人でできるわけではなく、兄弟姉妹と一緒に歩むことですので、洗礼の準備もグループの中で行うように配慮しなければなりません。信者の中で友達を作ることは信仰生活の大きな助けとなります。

挑戦に向き合う

現代の日本では、ありがたいことにキリスト者だからということで迫害されることがありませんが、日本は困難な宣教地です。一般社会の中で宗教に対する無関心が多く認められ、不信感を抱く人もいます。マイノリティーのキリスト者は、福音宣教の難しさから逃れることなく、逆に、投げつけられた挑戦として堂々とそれに向き合うように求められています。ときに、信仰生活を大事にすることは、社会の一般常識の流れに抗《あらが》って、逆流を泳ぐことを要求されることでもあり、信徒の側においてその姿勢が十分ではないことも事実ですから、福音宣教がはかどることは少ないのです。

私たちが無償でいただいた信仰の恵みは、水に譬《たと》えることができます。水は流れると新鮮ですが、流れなくなると溜まり水になります。信仰が自分から人へと流れると新鮮で、神との一致をもたらしますが、自分のためだけの信仰なら本物の信仰でなくなるのです。

自分の信仰とはいえ、信仰は自分の救いのためだけのものではないからです。信仰生活が始まるきっかけとなる福音宣教は、主イエスが興してくださった教会のもっとも根本的な要素と見なすべきでしょう。

求道者を導くために

教会に通い始め、信仰生活をして良かったと思い、その「良かった」ことを他の人々と分かち合いたいという気持ちが生まれた求道者は、洗礼を受ける時期になったと言えます。しかし「信者になりたい、教会の一員になりたい」と言ったとしても、名前を登録するような意識しかないこともあります。

求道者の多くはミッションスクールやカトリック施設の卒業生、あるいは、信者の親戚であったりしますが、全くキリスト教を知らない人も結構います。初代教会の時代、旧約聖書をよく知っていたユダヤ人と別世界から来た異邦人が、一緒にキリスト者になった時と同じ有り様ではないかと感じます。知らないで初めて教会にやってくる人を洗礼に導き、立派な信者にするまでの道のりは長く、簡単なものではありません。求道者が教会の中で代父母にめぐり合い、友達を作ることも大事です。

教会の使命として

主イエスは、救い主としての使命も終え、天に上げられる直前に「全世界に行って、福音を宣《の》べ伝えなさい」という霊的な財産を遺され、福音宣教が教会の使命であり、その一員である私たち一人ひとりの使命でもあると教えてくださいました。ときに「遠慮」が美徳のように描かれますが、福音宣教の場合は、そうでもないと言えるのではないでしょうか。

世の中には、悪を行うために大変な苦労をする人もいるのに、善や信仰の素晴らしさを分かち合うために、なぜ善人が遠慮することがあるでしょうか。司祭たちは、信者はあまり遠慮せずに自分の信仰を明かすようにと説教をしますが、司祭や宣教師こそ自分の信仰を遠慮しないで明かす必要があると感じます。

以前は、いわゆるキリスト教国からそうでない国へ宣教師が出向いて行きましたが、今は、すべての国で宣教師を迎えることもあれば、出て行くこともあるという時代になりました。事実、日本でもヨーロッパより、アフリカ、東南アジアからの宣教師が増えていますす。この現象こそ、カトリック教会の普遍性を浮き彫りにし、具体的な形で示すものではないでしょうか。

告げ知らせる内容

「わたしは……イエス・キリスト、それも十字架につけられたキリスト以外、何も知るまいと心に決めていたからです」（一コリント２・２）。

言うまでもなく、信仰に導くということは、福音を告げ、イエス様に出会わせることではありますが、聖書の言葉は皆同じ重みをもっているのではなく、日本の状況を考えてその識別をしなければなりません。大事なことであれば、何回も繰り返すことがあっても良いと思います。その結果、入門講座の一回目からではなく途中から入ってきた人も、少しずつ話についていけるようになります。

出会いを助ける

主イエスに近付き、グループに入る人は、たいてい困難や問題を抱えているのです。それらの事情を踏まえ、歓迎する際には、教義的な教えと同時に心に響く言葉で声をかけなければなりません。神の恵みと同時に愛徳と技術も問われるのです。

福音宣教をし、信仰者を養成することとは、教えを身に付けさせることよりも、主イエスに出会うことを助けることです。先に引用したコリントの信徒へのパウロの言葉はまさしくそれを表しています。聖歌にもあるように、キリストのように考え、キリストのように話し、キリストのように行うようになるために、絶えずキリストを知ることが大切です。特に十字架にかけられたキリストについての知識を深めなければなりません。

教理を深める

よく教会に通い奉仕をしてくださる、いわゆる熱心な信者でも、要理のことや信仰宣言の内容、教会などの知識がかなり乏しいことがあります。まして教会にたまにしか来なかったり、あるいは教会から離れていたりする信者の場合はなおさらです。カトリック教会を支えているのは、聖書と聖伝（伝承）の二本柱ですが、聖書に馴染みのある人でも、旧約時代から始まり、二〇〇〇年の歴史を持つ豊かな伝統（教皇・司教の教え、聖人伝、典礼など）をあまり知らないのが現実です。司祭のホミリアの一部は必ず教理的な側面を浮き彫りにするものでなければならないと思います。

入門講座の一例

私たちの入門講座では、その日のテーマについて『カトリック入門』（ドン・ボスコ社）

のDVDを鑑賞し、自分の言葉でその内容を深めます。次に、そのテーマについての要理の本から抜粋した箇所を皆で読み合わせ、最後に質問や感想を述べます。三五回のコースですが、信仰生活が伴っていれば洗礼への十分な準備となります。また、信者の生涯養成のためには、『聖書の常識』（同）のDVDを鑑賞し、説明後に再度鑑賞し分かち合います。主の教えはすべて大切ですが、私たちを取り巻いている社会状況を考えて、以下のテーマやポイントを強調しなければならないと思います。

①ゆるしを含む愛の概念

好き嫌いを超える愛、敵を含む愛の概念は、仇討ちや復讐を謳歌《おうか》する社会にあっては理解しにくいものですが、主イエスの愛の教えの革命的な特徴です。具体的な例をあげると、主イエスのみ心の慈しみが浮き彫りになります。主が言動で示してくださった愛の第一歩は、他者への開きです。自分のことにしか関心がない人は、本物のキリスト者とは言えないでしょう。

しかし実は人の困難や、心配に心を留めれば留めるほど、それだけ自分の問題や心配が小さくなり、乗り越えやすいものになります。フランシスコ教皇の言葉と行動は、見事にこの姿勢を示しているのではないでしょうか。人が来るのを待つのではなく、自分から出て人に向かって行くことこそ、キリスト者の使命だからです。

②同じ信仰を共有する人間の集まりである教会

主イエスの代理者である教皇を中心とした組織である教会。み国の始まりである教会を学びながら、帰属意識を構築し深めていくことが大切です。ある程度勉強し、名前を洗礼台帳に登録すれば、信者になれるという誤った認識を持つ人がいますが、信者になるということは、キリストのように十字架を担っていくことでもあると、よく認識しなければなりません。

③神との一致

信仰生活は、神を信じ、優先し、神と結ばれて生きることに尽きると言えます。正義や道徳を守ることを通して神との一致を深め、そこに喜びと力を得ることです。教会に通わなくなり、秘跡を受けなくなった人は、神とその恵みから離れることにつながることをよく説明しなければなりません。

神を優先し、地上のことより絶えず上のことを仰ぐことは簡単ではないでしょうが、求められることでしょう。要理の勉強と聖書研究だけではなく、神と一致した祈りの習慣を身に付けさせることも重要です。「祈りの味」を覚えたら信仰生活は大丈夫です。ただし、この味を覚えている宣教師や司祭が伴っているかが気になる問題ではあります。

④違いにみられる豊かさ

人は、背丈や、年齢、能力などが違うように、文化や宗教、霊的経験も違います。自分と違う相手だからと恐れて懸念ばかりすることは、信頼が欠けている証拠でしょう。違いは豊かさのしるしです。自分と違う相手には、自分にはない良いところがあると考えるべきではないでしょうか。外の文化に開かれていることは、自分の文化をもっとよく理解することとつながります。人との出会いは自分を豊かにするものです。日本においては特に、違いには豊かさがあるというポイントを、もっと重視すべきではないかと感じます。

⑤福音や信仰の伝達

信仰は、自分のためだけではなく、人のため、特に周囲の人のためでもあります。親は

入門講座のポイント

① **ゆるしを含む愛の概念**

自分から出ていく

② **同じ信仰を共有する人間の集まりである教会**

教会への帰属意識を深めていく

③ **神との一致**

神を優先し、神と結ばれて祈る習慣を身に付ける

④ **違いにみられる豊かさ**

自分と違う相手には、自分にはない良さがある

⑤ **福音や信仰の伝達**

信仰は周囲の人のためでもある

⑥ **キリストの神秘の理解**

キリストのように十字架を荷っていく

模範的なキリスト者の生活をすることによって子どもに信仰を伝達します。残念ながら、このプロセスはうまくいかないことがよくあります。決して信仰は押し付けるものではありませんが、親が喜んで信仰生活をしている姿は最も効果的なものです。でも、両親が模範的なキリスト者なのに、子どもが教会から離れて行くことも稀ではありません。これこそ日本の教会の大きな課題であり、教会の将来はその解決にあると言っても過言ではありません。

⑥キリストの神秘の理解

これは「一粒の麦は、地に落ちて死ななければ、一粒のままである。だが、死ねば、多くの実を結ぶ」という主イエスの言葉（ヨハネ12・24）が見事に教えてくれているものです。十字架のないキリストがいないのと同様に、十字架のないキリスト者もいません。主イエスは苦しみや十字架によって私たちに救いをもたらしてくださいました。

自分の十字架を担うことは、少しずつ自分に死んでいくことですが、これは信仰生活の最もわかりにくく実践しにくいことです。そこまで理解していない信者が多いのではないでしょうか。言うまでもなく、他にも主イエスの教えには重要なテーマや側面がありますすが、このことは、日本におけるカテケージスの場合、特に重視すべきものだと思います。

福音宣教の道具、宣教師の私

「福音を告げ知らせないなら、わたしは不幸なのです」（一コリント9・16）。

教会の大事な使命である福音宣教に励むことは、人々に福音がもたらす喜び、安心感と救いの希望を分かち合うことに尽きるのではないでしょうか。洗礼を受けている以上、だれもがこの使命にあずかり、自分なりになすべきでしょうが、それを生き方として実践する司祭や宣教師がいます。その一人として、私は司祭になった時に、「福音を告げ知らせないなら、わたしは不幸なのです」というパウロの言葉をモットーとしました。ところが五〇年以上日本におりますと、ますます困難な宣教地だとしみじみ感じます。宣教師が日本を変えることを目標にすると何もできないことを体験します。しかし、日本に合わせることができれば、実り豊かかどうかはわかりませんが可能性があります。

神の恵みの道具

日本に自分を合わせるということは、自分を否定し、変えることではなく、性格や能力を含め、ありのままの自分を通して神の恵みの道具になることだと思います。よく感じることですが、周りの人は、良くない自分の側面を隠し、格好いいことばかり言いながら、宣教師の私には本物の自分を見せるように要求します。

しかし、そこにキリストの神秘が反映されています。主イエスはご自分が救い主であるとご自分の言動によって示したので、それを認めたくない律法学者と折り合いが悪くなって妬《ねた》まれ、御父のみ旨に従って、十字架上でご自分を捧げられたのです。ありのままの自分を見せることは、主イエスにあやかることとなり、キリストの神秘を深め、それに生きることにつながります。

私よりも立派な宣教師、優れた宣教者が数多くいますが、その真似をすれば良い話ができるとは思いません。自分らしく行ったほうが人との信頼につながると思います。心に響く話ができるためには、ユーモアを交じえた話でなければなりません。良い雰囲気を感じるわかりやすいジョークも福音宣教に役立つのではないかと思います。生き生きとした信仰生活に人を導くことは、聖霊の助力がなければ無理な話です。日本の地においても、聖霊の素直な道具となって福音宣教に励み、み国の建設のために働く本物の宣教師が与えられますようにと、心から祈っています。

◆キーワードとポイント◆

■個人指導の場合は、どのようにして聖霊がその人の心の中で働いておられるかを突き止めることが大切。相手を取り巻いている環境や、置かれている状況、それぞれが抱えている問題を受け止め、それらを考慮して寄り添っていく。

■「愛するだけでは足りません。相手が愛されていると感じなければなりません」。決して宣教する側の自己満足やその他の動機のためではなく、人に対する愛徳心に駆られて行っているということを相手が感じなければならない。

■水は流れると新鮮だが、流れなくなると溜まり水になる。信仰が自分から人へと流れると新鮮で、神との一致をもたらすが、自分のためだけの信仰なら本物の信仰でなくなる。自分の信仰とはいえ、信仰は自分の救いのためだけのものではない。

■福音宣教をし、信仰者を養成することとは、教えを身に付けさせることよりも、主イエスに出会うことを助けること。

■主イエスに近付き、グループに入る人は、たいてい困難や問題を抱えている。それらの事情を踏まえ、歓迎する際には、教義的な教えと同時に心に響く言葉で声をかけなければならない。神の恵みと同時に愛徳と技術も問われる。

■私たちを取り巻いている社会状況を考えて、以下のテーマやポイントを強調することも必要。①ゆるしを含む愛の概念、②同じ信仰を共有する人間の集まりである教会、③神との一致、④違いにみられる豊かさ、⑤福音や信仰の伝達、⑥キリストの神秘の理解。

■教会の大事な使命である福音宣教に励むことは、人々に福音がもたらす喜び、安心感と救いの希望を分かち合うこと。「福音を告げ知らせないなら、わたしは不幸なのです」(一コリント9・16)

■心に響く話ができるためには、ユーモアを交じえた話でなければならない。良い雰囲気を感じるわかりやすいジョークも福音宣教に役立つ。聖霊の助力によって生き生きとした信仰生活に導く。

聖フランシスコ・ザビエル（1506-1552）

日本宣教の保護者。東洋の使徒と称される聖フランシスコ・ザビエルはスペインで生まれ、聖イグナチオ・ロヨラらとともにイエズス会を創設したメンバーの一人。日本にキリスト教を伝えた人物として日本史上でも特筆される。1551年に離日し、翌年に中国・上川島で帰天。宣教の旅の途上で、各地から送られた数多くの書簡が遺されており、日本に関する言及は当時の様子を彷彿とさせる。「日本の地はキリスト教を長く守り続ける信者を増やすために適した国ですから、宣教のためにどんなに苦労をしても報いられます。それで、あなたが徳を備えた人物を日本へ派遣してくださるよう、心から望んでおります」

（『聖フランシスコ・ザビエル全書簡〈1552年1月29日付コーチンでのロヨラ宛の書簡〉河野純徳訳、平凡社参照）

第9章　信仰の同伴②——あなたは、立ち上がります

あなたが、放浪の旅の途中、灼熱の砂漠の道で渇き果て、ついに倒れてしまったとしましょう。意識も薄れ、もうダメだとあきらめたその時、だれかの叫ぶ声がします。

「おーい、だいじょうぶか、今行くぞー！」

かすむ目に映るのは、砂丘から走り降りて来る、一人の男。

「もうだいじょうぶですよ、安心してください」

男はそう言うと、あなたを抱き起こして水筒の水を飲ませてくれました。冷たく、澄み切った、命の水。あなたは、息を吹き返します。

その男の導くままに砂丘を上ると、なんとその向こうには、緑の木々に囲まれたオアシスが広がっているではありませんか。涼しげな木陰には井戸があり、人々が食卓を囲んで談笑しています。人々はあなたを招き入れ、焼き立てのパンを出し、ワインを注い

でくれました。あなたの目から、安心の涙がこぼれます。

香ばしいパンを一口食べたとき、あなたは突然、旅が終わったことに気が付きます。

「目指していたのは、ここだったんだ」、と。

あなたは、立ち上がります。水筒に水を詰め、急いで先ほどの砂丘を上ります。

思ったとおり。下の道には、すでに別の旅人が倒れています。あなたは、叫びながら駆け下りていくのでした。

「おーい、だいじょうぶか、今行くぞー!!!」

招き、受け入れ、しるしとなる

教会は、しるしです。目には見えない神の国の、目に見えるしるしです。人々は、教会に呼びかけられ、招かれて、「ああ、神の国は本当にあるんだ」と、知ることができます。知った人々は、その教会に温かく受け入れられて、「ああ、神の国は本当に誰をも受け入れる、愛の国なんだ」と、安心することができます。そうして救われた人々は、自らもまた、救いを求めている人々の、目に見えるしるし、耳に聞こえる呼びかけとなっていくのです。「招き」「受け入れ」「しるしとなる」。それが、教会です。

入信の秘跡は、そのような教会の本質を表す秘跡です。しるしとしての教会に「招かれて」福音に出会い、救いに目覚めた人が受ける秘跡だからです。また、しるしとしての教会に「受け入れられて」受ける秘跡であり、また受け入れる教会自身も、その人を受け入れることでいっそう秘跡的になっていくからです。そして受け入れられた人も、受け入れた教会も、そのことをともに証しして「ともにしるしとなる」秘跡だからです。

そのことを、筆者が以前担当したＴ教会での経験をもとにお話ししましょう。

招くために

Ｔ教会の目の前に大手の自動車販売店があります。ある時、初めて来た人が、その販売店で教会の場所を尋ねたところ、居合わせた店員が一様に「知らない」と答えたというのです。すぐ目の前なのに存在も知られていないという事実にショックを受け、委員会で話し合い、その販売店に負けないくらい立派な看板を立てることにしました。夜はＬＥＤで文字が光る高価なものですが、自動車とは比較にならないほど価値のあるものを広めようとしているわけですから、安いものです。看板設置後、別の人が同じようにその販売店で

入門講座交流会
ピザ・パエリアパーティー
入門講座参加者の交流会ですが
教会が初めての方、入門講座未経験の方も大歓迎！
皆さま、どうぞご遠慮なくご参加ください。
お待ちしております♪
Paella
カトリック多摩教会
持ち寄り歓迎！
参加費：無 料
日にち： 9月6日（土曜日）
時 間： 10時30分から神父さまのお話
11時30分頃からパーティー
入門講座交流会
ピザ・パエリアパーティー
日にち： 9月12日（土曜日）
時 間： 10時30分から晴佐久神父のお話
その後、パーティー
PIZZA
教会が初めての方、入門講座未経験の方も大歓迎！
心を込めた手作りのパエリア、ピザを準備して、
皆さまをお待ちしております！（参加費無料）
場 所： カトリック 教会 信徒館1階
問い合わせ： 042-374-8668
Merry Christmas
&
Happy New Year!
十 主の平和！
入門講座新年会のご案内
日時 1月9日（土）
午前10時半より
神父様のお話のあと、
パーティー
（お寿司、手作り料理）
場所 カトリック教会
信徒館1階
会費 無料
入門講座新年会のご案内
日時 1月9日（土）
午前10時半より
神父様のお話のあと、パーティー
（お寿司、手作り料理など）
会費 無料
※差し入れ大歓迎です♪
金・土・日の入門講座で集まり、楽しいひとときを過ごしましょう。
お待ちしております。
※冬期の入門講座は、1月8日（金）からです。
入門係

尋ねたところ、今度はすぐに教会を教えてくれたと聞いて、みんなで大喜び。店舗であれ教会であれ、看板は、そのチームの本気度を示すバロメーターです。

インターネット

もちろん、効果で言うならば、インターネットにまさる看板はありません。広報委員と相談して、「日本一の教会ホームページ」を目指そうと、専門業者に依頼して、分かりやすく、更新の頻度も高いホームページにリニューアルしました。その際、教会名のすぐ後に「もうだいじょうぶ。ご安心ください。神さまはあなたを愛しています」と載せました。検索した人の目に、真っ先にその一行が入るからです。現に、これを読んで感動し、九州から訪ねてきた方も現れました。リニューアルしてから、若い人も多く訪ねてくるようになりましたが、彼らは、同じことを言います。「どの教会にしようかとネットで調べていて、ここがいちばんやる気が感じられたので、来ました」。

説教の掲載とイベントの開催

さらに、主任司祭の毎週の説教をテープから起こして載せる、別のホームページも始め

2015年 カトリック多摩教会聖劇
ミュージカル
「みんなの家」
── ぼくたちには、きみが必要なんだ ──
脚本/演出：晴佐久昌英
音楽：小俣浩之　伊礼正太郎
日時：2015年12月27日(日)16：30開演(16：00開場)
場所：稲城市立 iプラザ ホール(400席)
入場料：800円
《お申込み/お問合せ》

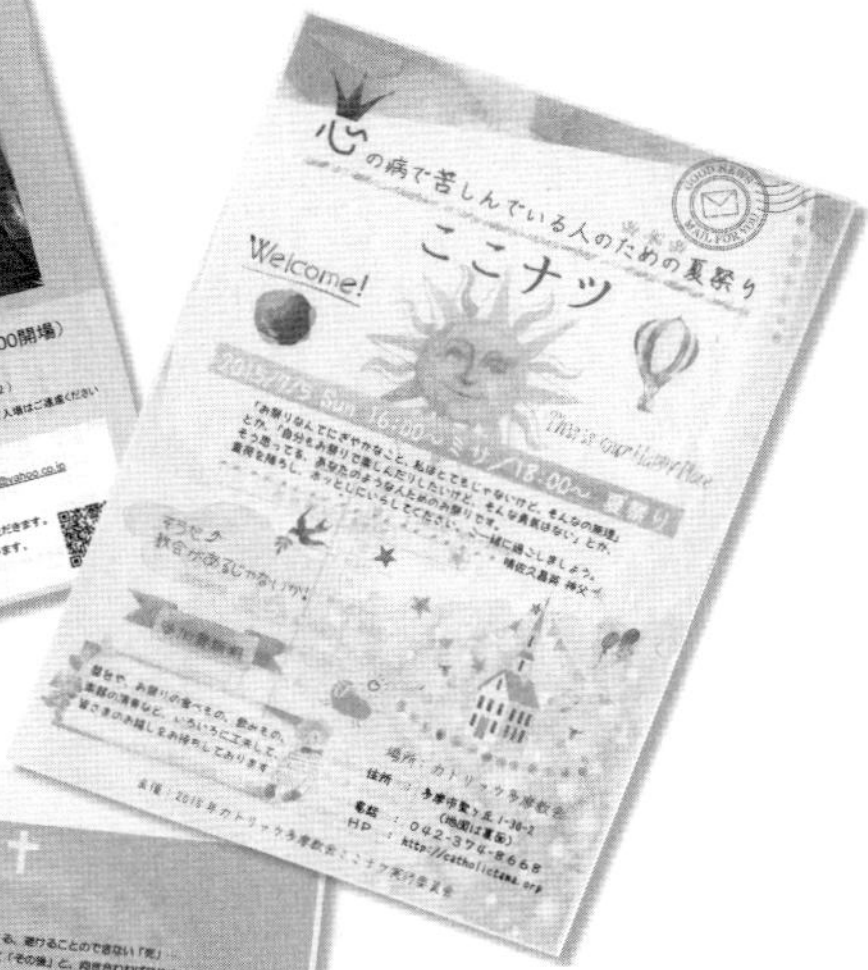
心の病で苦しんでいる人のための夏祭り
ここナツ
Welcome!

“いのちと死”ともに祈る会
日 時：2015年10月31日（土）午後3時～5時
場 所：
主 催：いのちと死を問うキリスト者の集い

ました。大変な労力ですが、その熱意こそが何よりのメッセージです。相乗効果でアクセス数も増え、教会を訪ねて来る人が目に見えて増えました。ホームページを見れば、その教会がどういう教会か、一目で分かります。

また、イベントも重要なしるしです。毎週の「おやつの会」など、近隣の人に気軽に訪ねてきてもらえるようなイベントをいくつも始めました。

中でも力を入れたのが、クリスマス前日の、「祈りと聖劇の夕べ」。目的は信者の交流ではなく、福音宣教です。キャンドルサービスと司祭の福音講話の後、合唱グループの歌や教会総出で作った聖劇の上演があり、最後にはお茶とケーキも用意してある、本気のイベントです。信者は友人を誘い、ネットでも宣伝し、新聞の折り込みチラシまで入れました。

このイベントの日に初めて教会に来たのがきっかけで、翌年受洗した青年も現れましたが、その彼は、ちょうど一年後の「祈りと聖劇の夕べ」で、立派に司会者を務めたのでした。「恩返し」というわけですが、彼はその恩を繰り返し語ります。

「初めて教会を訪れるのは、あまりにもハードルが高い。でも、あのクリスマスのイベントの熱意あふれる案内文を読んで、これならだいじょうぶかもって、来ることができた」

本気で招き、熱意をもって知らせることは優先順位のトップです。すぐそこにオアシスがあっても、だれかが知らせなければ、旅人は倒れてしまうのですから。

受け入れチームの大切さ

さて、いくら招いて知らせても、温かく受け入れなければ無意味です。よく耳にするとおりです。「友人を誘いたいんだけど、うちの教会じゃあねえ……」。

T教会では、受け入れチームをいくつも立ち上げました。

まずは「受付グループ」。一階ホールの一部を改装して、受付窓のある小さな部屋を造り、交代制で受付を始めました。電話の応対をし、訪れる人をおもてなしして、せっせとお茶を出す奉仕です。お茶は、「あなたにいてほしい」というしるしです。悩める人の話を聞き、ミサや入門講座の案内もします。受洗者の中には、初めて教会に来た日にここでお茶を出されて、ほっとしたという人が何人もいます。

次に、「案内係チーム」。ミサやイベントで、初めて来た人を見つけて声をかけ、必要ならミサ中などにお世話をします。ミサ後は、軽食無料サービス券を渡し、軽食コーナーに案内して座らせ、司祭を呼んできて、隣に座らせます。同じ年代や同じ地区の信者に紹介したり、入門講座の案内パンフを渡したりするのも大事な役割です。

また、「オアシスグループ」も、立ち上げました。これは、主日ミサ後に信者、求道者問わず、ひたすらおいしいコーヒーとお菓子を提供しておもてなしをする、教会家族のシンボルとなるチームです。おそろいのエプロンでせっせと奉仕する姿はかいがいしく、新受洗者が教会での奉仕にデビューするのにも、うってつけのチームです。

ミーティングで態勢を整える

これらのグループはいずれも、月に一度は必ず司祭を交えてミーティングをします。人々を受け入れるためには、常にチームワークを点検し、問題点を話し合い、モチベーションを高めなければならないからです。いずれにせよ、司祭を先頭に、教会全体が救いを求める人を無条件に受け入れるための臨戦態勢になっていなければ、不可能な話です。

九九パーセントの人がキリスト教の福音を知らない日本で、いつも同じ人だけが集う閉鎖的サロンを「教会」と呼ぶのには、どうしても無理があります。そのようなサロンは、そこに適応して生き残った人たちの、いわゆるガラパゴス化した場であり、本人たちにその気はなくとも、結果的に〝外来種〟を排除しているのです。どれほど多くの人が「この集団には入れない」と感じて去っていったことでしょうか。意識的に受容にチャレンジし

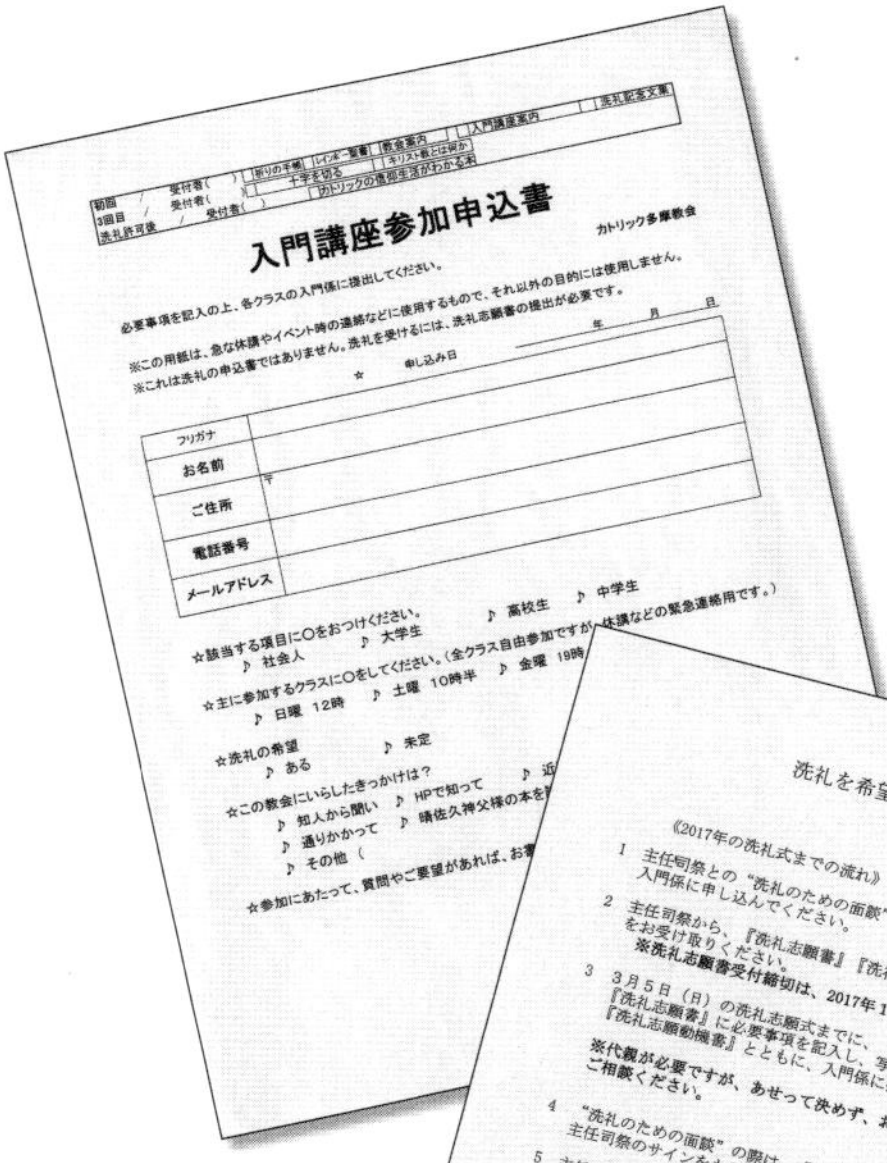

初回　／　受付者（　）	祈りの手帳	レインボー聖書
3回目　／　受付者（　）	十字を切る	教会案内
洗礼許可後　／　受付者（　）	カトリックの信仰生活がわかる本	キリスト教とは何か
	入門講座案内	洗礼記念文集

入門講座参加申込書

カトリック多摩教会

必要事項を記入の上、各クラスの入門係に提出してください。

※この用紙は、急な休講やイベント時の連絡などに使用するもので、それ以外の目的には使用しません。
※これは洗礼の申込書ではありません。洗礼を受けるには、洗礼志願書の提出が必要です。

☆　申し込み日　　年　月　日

フリガナ	
お名前	
ご住所	〒
電話番号	
メールアドレス	

☆該当する項目に○をおつけください。
♪ 社会人　♪ 大学生　♪ 高校生　♪ 中学生

☆主に参加するクラスに○をしてください。（全クラス自由参加ですが、休講などの緊急連絡用です。）
♪ 日曜 12時　♪ 土曜 10時半　♪ 金曜 19時

☆洗礼の希望
♪ ある　♪ 未定

☆この教会にいらしたきっかけは？
♪ 知人から聞い　♪ HPで知って　♪ 近
♪ 通りかかって　♪ 晴佐久神父様の本を
♪ その他（

☆参加にあたって、質問やご要望があれば、お書

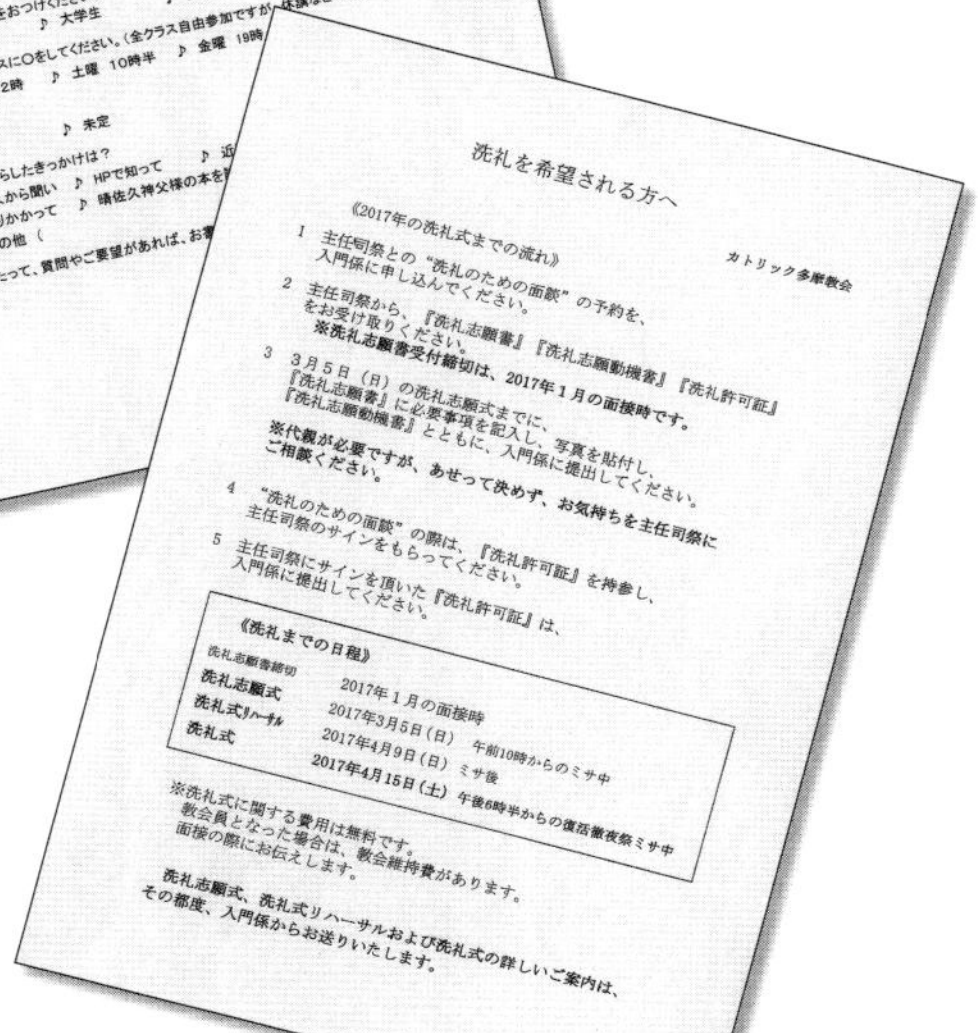

洗礼を希望される方へ

カトリック多摩教会

《2017年の洗礼式までの流れ》

1 主任司祭との“洗礼のための面談”の予約を、
入門係に申し込んでください。

2 主任司祭から、『洗礼志願書』『洗礼志願動機書』『洗礼許可証』
をお受け取りください。
※洗礼志願書受付締切は、2017年1月の面接時です。

3 3月5日（日）の洗礼志願式までに、
『洗礼志願書』に必要事項を記入し、写真を貼付し、
『洗礼志願動機書』とともに、入門係に提出してください。
**※代親が必要ですが、あせって決めず、お気持ちを主任司祭に
ご相談ください。**

4 “洗礼のための面談”の際は、『洗礼許可証』を持参し、
主任司祭のサインをもらってください。

5 主任司祭にサインを頂いた『洗礼許可証』は、
入門係に提出してください。

《洗礼までの日程》

洗礼志願書締切	2017年1月の面接時
洗礼志願式	2017年3月5日（日）　午前10時からのミサ中
洗礼式リハーサル	2017年4月9日（日）　ミサ後
洗礼式	**2017年4月15日（土）** 午後6時半からの復活徹夜祭ミサ中

※洗礼式に関する費用は無料です。
教会員となった場合は、教会維持費があります。
面接の際にお伝えします。

**洗礼志願式、洗礼式リハーサルおよび洗礼式の詳しいご案内は、
その都度、入門係からお送りいたします。**

続けない集団は、必然的に絶滅への道をたどります。

心の病を抱えている人とともに

特に、心の病を抱えている人たちは、多くの教会の現場で「居づらい」経験をしています。そこで、T教会では、「心の病で苦しんでいる人のためのクリスマス会」と、同じく「夏祭り」を始めました。人々が楽しんでいる時期にかえってつらくなるような人たちに、福音を体験してもらう集いです。何カ月も前から準備をして、静かに休める部屋も用意し、薬で手が震える人のためには重みのあるスプーンを用意するなど、スタッフは真心こめて寄り添います。「自分の家族ならどうするか」が合言葉です。ある参加者は、うれしさのあまり「帰りたくない」と言って泣いたのでした。

教会家族の秘跡と人間関係

そうして教会と関わるようになった人たちを、いわば「教会家族」として受け入れ、望むならば入信の秘跡にまで導くのが、入門講座です。入門講座は、教会の魂ともいうべき集いですから、決しておろそかにしてはいけません。T教会では、週三回の入門講座を開設し、それぞれの講座に世話役としての「入門係」を置き、ネット上のブログも開設しました。入門係は、求道者を受け入れ、お世話し、司祭との面談の手配をし、時には相談にも乗ります。初めは「私にできるかしら」と心配していた人も、いったん始めるとその恵みの大きさに驚かされます。なにしろ、一人の神の子が闇から光へと招き入れられ、福音に触れて安心の涙をこぼし、生まれかわっていく姿を目の当たりにするのですから。

救いの体験と証し

入門講座では、主に司祭が「あなたは神の愛によって救われている」と福音を語りますが、参加者も入門係も司祭も、折に触れ、互いに自らのつらい体験や救われた喜びを証し合います。それによって、今ここに集まっているこの講座の仲間が、もうすでに神さまのお集めになった教会家族になっていることを、ともに体験するのです。

入信の秘跡は、一個人だけでの理解や決心で受けるものでも、あるいは一司祭の指導や判断で授けるものでもありません。教会家族に招かれ、教会家族に受け入れられて福音体験をした人が、教会家族として生きていきたいと願うようになり、教会家族の目に見えるしるしとなっていく「教会家族の秘跡」です。

そのためにも、入門講座での人間関係はとても重要です。求道者にとっては、ある意味でそこが教会ですから、つまずきとなることがないように細心の注意を払います。強く勧誘するのも、放任しすぎるのも、よくありません。熱心に世話しすぎると負担に感じられてしまいますから、そっとよりそう距離感を大切にします。逆にしばらく来なくなってしまった方には、納涼会やクリスマス会などをハガキでお知らせしたりもします。

折に触れて食事会をするのも、家族体験の必須条件です。入門係の手作り料理でもてなし、材料費は教会の宣教費から出します。教会全体が、求道者を家族同然に思っていることの、最も分かりやすいしるしです。

家族となって立ち上がる

復活徹夜祭に、苦楽をともにした求道者が受洗する瞬間は、入門係にとってはもちろん、教会全体にとって最も喜ばしく、誇らしい一瞬です。わが家に新しい家族が誕生するのですから。洗礼式の後で受洗者全員の写真を撮り、大きく引き伸ばして、それぞれの名前を記し、一年間、聖堂の入り口に飾ります。赤ちゃんの写真を自慢する両親のように。

そうして教会家族のしるしとなった受洗者は、洗礼記念文集に自らの信仰の証しを書き記すのを手始めに、早速活動開始です。入門講座のお手伝いをしたり、さまざまなイベントの手伝いをしたり、ミサの奉仕をしたり。それは、自らが死から命へと救われた講座であり、イベントであり、ミサなのですから、とても自然なことでもあります。

硬直した信仰の見直し

さらには、彼らは当然のように、家族や友人を連れてきます。実は、教会に最も多くの新しい仲間を呼ぶのは、いつでも新受洗者なのです。そんな生まれたての仲間たちを目の当たりにする信者たちの内に、大きな変化が起こっていきます。初々しい彼らの信仰によって、自らの硬直した信仰を見直すからです。いったい自分は何をやっていたんだろう、と。

キリストは、人々を救うためにこの世に来られました。キリスト者もまた、人々を救うためにこの世に存在しています。

キリストと結ばれて、あなたは、立ち上がります。

道には、今この時も、大勢の人が倒れているのですから。

◆キーワードとポイント◆

■教会は、しるし。目には見えない神の国の、目に見えるしるしるし。

■入信の秘跡は、そのような教会の本質を表す秘跡。しるしとしての教会に「招かれて」福音に出会い、救いに目覚めた人が受ける秘跡。

■店舗であれ教会であれ、看板は、そのチームの本気度を示すバロメーター。効果で言うならば、インターネットにまさる看板はない。

■イベントも重要なしるし。本気で招き、熱意をもって知らせることは優先順位のトップ。

■いくら招いて知らせても、温かく受け入れなければ無意味。いつも同じ人だけが集う閉鎖的サロンを「教会」と呼ぶのには、どうしても無理がある。

■心の病を抱えている人たちは、多くの教会の現場で「居づらい」経験をしている。

■入信の秘跡は、教会家族に招かれ、教会家族に受け入れられて福音体験をした人が、教会家族として生きていきたいと願うようになり、教会家族の目に見えるしるしとなっていく「教会家族の秘跡」。

■入門講座での人間関係はとても重要。求道者にとっては、ある意味でそこが教会。つまずきとなることがないように細心の注意を払う。

■食事会をするのも、家族体験の必須条件。教会全体が、求道者を家族同然に思っていることの、最も分かりやすいしるし。

■教会に最も多くの新しい仲間を呼ぶのは、いつでも新受洗者。

■キリストは、人々を救うためにこの世に来られた。キリスト者もまた、人々を救うためにこの世に存在している。

東アジア司牧研究所
(East Asian Pastral Institute〔略称〕EAPI)

アジア・太平洋地域の教会における宣教司牧についての研究機関。1955年マニラにイエズス会中国管区の宣教研究所が設立され、1961年「東アジア司牧研究所」に改称。第二バチカン公会議による宣教司牧の刷新に貢献している。

宣教司牧刷新のための新しい研修計画を企画。参加者は共同生活を通して、霊性の刷新、神学的考察、司牧的効果の探究、異文化間交流および学際的研究を推進する。研修者のなかからは、司教、修道会の総長・管区長や教区の教理教育・典礼の指導者なども輩出している。

現在の養成課程は、修道者の指導、社会文化分析、霊性および典礼、指導者の技能、宣教奉仕者、司牧刷新の６分野となっている。

（『新カトリック大事典』参照）

第10章　典礼奉仕による神の民の成長

開かれている秘跡

二〇一二年一〇月のシノドス（世界代表司教会議）のテーマは「新しい福音宣教」でした。「信仰年」を経て、フランシスコ教皇が二〇一三年一一月に発表した使徒的勧告が『福音の喜び』でした。とても豊かな内容の文書ですので、今回は、入信の秘跡・典礼奉仕に関して、『福音の喜び』を手がかりに考えていきましょう。これが実践にあたっての大きなヒントになると思います。

「教会は、つねに開かれた父の家であるよう招かれています。……そうすれば、聖霊に促されて神を探し求める人が、冷たく閉ざされた門にぶつかることはないでしょう。……だれもが共同体の一員となることができます。まして秘跡の門は、いかなる理由があっても閉ざされるべきではありません。これはとくに『門』である洗礼の秘跡についていえます。聖体は秘跡の頂点ですが、完璧な人のための褒美ではなく、弱い者のための良質な薬であり栄養です」(『福音の喜び』47)。

目に見える秘跡

教会も秘跡も、神のいつくしみの目に見えるしるしです。教理的なことや典礼生活が大切なことはもちろんですが、最も肝心なことは、神のいつくしみに出会うことです。その意味では、厳しい掟を守ることや、典礼上の細則を厳密にすることよりも、この神のいつくしみの福音を伝えることが私たちの最大の使命であり、その姿勢が問われています。そのためには、教会共同体が入信の秘跡の全過程において、オープンでなければならないと述べているのです。

さらに聖体というものが、立派な人がもらえるご褒美のようなものではなく、本当に弱い人間を励まし、助ける、そのような秘跡なのだという言い方をされています。非常に励まされる言葉で、ここでは洗礼と聖体という秘跡が出てきますが、入信の秘跡のすべての過程において、教会が開かれた父の家、母の心をもって人々を受け入れるということが一番大切だと語りかけているのです。

実践的相対主義を超える霊性

『福音の喜び』の第二章では、「危機に直面する共同体」と題して、現代の信仰と宣教の危機を鋭く捉えて率直に語っています。

「もっているはずの霊的な姿勢や考え方とは別のところで、司牧に携わる人たちには、教理的な相対主義（doctrinal relativism）よりも危険な相対主義が育っています。これはもっとも深く真剣な、生き方を決定づける選択の数々に影響を与えます。この実践的相対主義（practical relativism）の特徴は、神がいないかのように行動し、貧しい人々がいないかのように決めつけ、他者は存在しないかのように空想し、福音のメッセージを受けていない人はいないかのように働くことです。次のことに注目すべきです。教理的にも霊的にも固い信念を明らかにもっている人さえも、その使命において他者に身をささげるよりも、経済的な安定に固執したり、権力の座や虚栄をあらゆる方法で求める生活に陥ってしまうのです」（同80）。

私たちはもちろん教理的には神様がいると堅く信じ、イエスの言葉もイエスの掟もよく知っている。だけど実際には、そういうことよりも経済的な安定を優先させているところでは述べられています。

相対主義という言葉は、普段はあまり使わないかもしれませんが、要するに絶対的なものはないという考え方のことです。つまり、頭で神を認めていても、実生活では神などないかのように振る舞うことなのです。

神よりも、隣人との関係よりも、自分の生活を優先することを意味しています。その背景には、経済優先、消費主義、科学技術万能主義から来ている「いい生活がしたい」という願望があり、テレビのＣＭなどによって、便利なもの、美しいもの、欲しいものに対する欲望が掻き立てられていくのです。

「無関心のグローバリズム」

もちろん、科学技術にはいいこともたくさんあって、病気が治ったり、寿命が延びたりと利点もたくさんあるわけですが、うっかりすると神様のこと、隣人のことが後回しにされてしまう。持てる人はさらに持つようになるが、そうではない人はいつまでも持てずに、結局は格差が広がり、人に対しても無関心になっていく。そういう危険です。

「現代ではすべてのことが、強者が弱者を食い尽くすような競争社会と適者生存の原理のもとにあります。この結果として、人口の大部分が、仕事もなく、先の見通しも立たず、出口も見えない状態で、排除され、隅に追いやられるのです。そこでは、人間自身もまた使い捨てのできる商品同様に思われています。わたしたちは『廃棄』の文化をスタートさせ、それを奨励してさえいます」(同53)。

「他者を排除する生活様式を維持するために、また自己中心的な理想に陶酔するために、無関心のグローバル化が発展したのです。知らず知らずのうちに、他者の叫びに対して共感できなくなり、他者の悲劇を前にしてもはや涙を流すこともなく、他者に関心を示すこともなくなってしまいます」(同54)。

「無関心のグローバリズム」という言葉を教皇は使います。苦しんでいる人、貧しい人に対する無関心が世界的な規模で広がってきてしまっているという意味です。これは実践的相対主義とつながっており、私たち現代の信仰者が抱えている非常に大きな問題です。頭で神様を信じ、頭で隣人が大切なことは分かっているが、実際には自分の生活を一番大事にしているという現実です。

具体的に人に出会う

そう考えていくと、喫緊の問題は、いくら典礼を完全に正しく、感動的に行ったとしても、実践的相対主義という、実のところ神様や隣人よりも自分を大切にしてしまう問題を乗り越えなければ、結局、「福音宣教」にはならない現状があるということです。それを乗り越えるためには、具体的に人に出会うしかありません。本当に苦しんでいる人、悩んでいる人と出会って、その悩みや苦しみ、痛みを少しでも分かち合おうとする必要があるのです。それが私たちの大きな課題です。

私たちの教会共同体が具体的に人に出会っていくことと、入信の秘跡とは、全然話が違うかのように思われるかもしれませんが、実は密接につながっています。ある人たちは、本当に苦しみ悩み、必死の思いで教会の門を叩いてきます。しかし、そのときに出会った司祭や信徒たちがその思いを受け止めきれず、わかってあげられないという中で、がっかりする人もたくさんいると思います。やはり、まず私たちが、信者同士で悩みや痛み、苦しみを共有していける共同体になることが大事なのだと思います。

また、最近は日本でもよく貧困の問題が語られるようになりました。教会に来る人も、さまざまな貧しさをもっています。その中で一番の貧しさとは、孤立ということです。ひ

シノドス（Synodus Episcoporum ＝世界代表司教会議）

「シノドス」は、一定時に会合する司教たちの集会を指し、「ともに歩む」という意味のギリシア語が原意。通常総会と臨時総会があり、特定地域または複数の地域に直接に関連する問題を取り扱う特別会議が開催されることもある。

1965年９月15日、第二バチカン公会議教父たちの要望にこたえ、公会議によって生まれた積極的な精神を生き生きと保つために、聖パウロ六世教皇の自発教令『アポストリカ・ソリチトゥード』によって設置。教皇と司教たちとの関係を深め、信仰および倫理の擁護と向上、規律の遵守と強化のための助言をもって教皇を補佐するために開かれ、世界における教会の活動に関する諸問題を研究する。提起された問題を討議し、教皇に意見を具申する。

（『新カトリック大事典』参照）

とりぼっちで、だれからも相手にされない人たちを、教会がどのように迎え入れるのかということも、大きなテーマだと思います。

入信の秘跡は生き方そのもの

秘跡、特に入信の秘跡は人生そのもの、生き方そのものをテーマにしています。洗礼を受ける人はそれまである意味で「神様なし」で生きてきた人たちですが、これからは神様を信じ、本当に信仰と愛をもって生きていこうという大変な決断をしていくわけです。そのような秘跡を、表面的な秘跡や典礼のレベルで考えてはいけません。その人が真のキリスト者としての生き方を選んで歩んでいくことを、私たち皆がどのように支えてともに歩んでいけるか、そういう重大なテーマがそこにはあります。その面でも、どこかであの実践的相対主義という問題を、しっかり考えながら、関わっていただきたいと思います。

霊的成長を生涯続けるための方法

私自身も街の教会で働く中で、求道者が来ると一緒に聖書を読み、カトリック要理のお話をして、洗礼まで導くということをしてきました。そして、皆熱心に聖書を学び教理を学び、洗礼を受けますが、いつの間にかその人の姿が教会から消えていくという悲しい現実もたくさん見てきました。受洗してからのサポートが非常に大きい課題だと思います。日本の教会には求道者がいないわけではありません。洗礼を受ける人がいないわけでもないのです。けれど、洗礼を受けた人たちがそのあと、どのように信仰生活を歩んでいけばよいのかの指針、ガイドがやはり欠けている、足りないのではないかと思うのです。『福音の喜び』では、「信仰の成長」のことが次のように述べられています。

「宣教しなさいという主の命令は、信仰を成長させなさいという呼びかけも含んでいます」（『福音の喜び』160）。

「カテケージスにおいても、最初の福音の告知、ケリュグマが重要な位置を占めることをわたしたちは再発見しました。……『イエス・キリストはあなたを愛し、あなたを救うためにいのちをささげました。キリストは今もなお生きておられ、日々あなたのそばであなたを照らし、力づけ、解放してくださいます』」（同164）。

「キリスト教の養成はすべて、肉となり、よりよいものとなるまでケリュグマを深めていくことです」（同165）。

共同体全体が深く関わる必要性

教皇はまた、古代からの段階的な洗礼準備制度に触れ、現代の「成人の入信式」で復興された部分を取り上げています。入信の全ての段階で、求道者と司祭だけの関係性だけではなく、共同体全体が深く関わることが必要だと言っています。また、「信条の授与」や「油」のしるしを再評価することが大切だが、それらについてはまだ確立されたものがないので、研究が必要だというわけです。さらに「同伴」し、傾聴することの大切さについても述べています。

「教会は、自らの仲間である司祭、修道者、信徒に、他者という聖なる土地で自分の履物を脱ぐこと（出エジプト3・5参照）を学ばせてくれる、『同伴する技術（art of accompaniment）』を教えなければなりません」(169)。

聖なるものに出会ったモーセが自分の履物を脱いだように、私たちも人に出会うときには、履物を脱ぐように、尊敬の念を持ち、自分の着飾っている物をすべて取り去って、いつくしみをもって同伴することが大切なのだと語るのです。一方的に上から指導するのではなく、人の話を聴き、ともに歩んでいくことが必要なのです。

段階的な入信の歩みに照らしてのヒント

①教会共同体との最初の接触が重要。出会いのために＝予備的な呼びかけ、信仰・希望・愛を生きる教会の姿とそのメッセージを伝える。具体的な出会い方＝人と人との出会い。教会の活動との出会い。町の教会のあり方を工夫する。

②入門期。知的なものに偏りすぎないようにする。共同体を体験すること。愛の行いへの参加。

③洗礼準備期（入信準備期）。四旬節の典礼を生かす。共同体全体の志願者のための祈り。受け入れる共同体の回心。

④入信の秘跡の典礼（洗礼・堅信・聖体）。堅信を後にすることの司牧的意味。秘跡のカテケージスを大切にする。

⑤秘跡後の導き。復活節の典礼を生かす。復活して今も生きているイエスとともに生きる。秘跡の意味を深める。

⑥信仰生活の中での成長。「新しい福音宣教」の3つの領域は、

A. 通常の司牧（主日の礼拝を中心にした共同体への参加をとおして）

B. 洗礼を受けながらも洗礼の要求することを実行していない人に（母として）

C. イエス・キリストを知らない人、キリストを拒んだ人に彼らは福音を受け取る権利がある。「人を引き付ける」福音の伝え方が大切。

基礎共同体に見る聖書の学び

ラテンアメリカの基礎共同体は、大地主の小作農として働いていた時代から、大規模なモノカルチャー農業に変わり、かつての村落共同体が崩壊し、多くの人が大都市に出て、スラムが生まれたことから始まりました（一九六〇年頃）。失われた人と人とのつながりを取り戻すため、聖書の分かち合いを中心として、小さなグループを作ることが始まりました。フランシスコ教皇はこのラテンアメリカでの教会の経験をよく知っておられます。そして『福音の喜び』では次のように述べます。

「福音宣教全体は、神のことばに根ざし、それを聞き、黙想し、それを生き、祝い、あかしします。……神のことばを『ますますあらゆる教会活動の中心に置く』ことが絶対に必要です。聴いて祝うみことばが――なによりも感謝の祭儀の中で――、キリスト者を養い、内的に強め、日々の生活の中で福音を真にあかしすることができるようにしてくれます。わたしたちはもう、みことばと秘跡の間の古めかしい対置を乗り越えています。生き

教皇庁 人間開発のための部署
(Dicastery for Promoting Integral Human Development)

フランシスコ教皇によって2017年1月1日に設立。「正義と平和評議会」「開発援助促進評議会」「移住・移動者司牧評議会」および「保健従事者評議会」が統合されて設置された機関。移民、助けを必要とする人、病者、迫害を受けている人、服役者、失業者、紛争や自然災害、奴隷状態や拷問の被害者らのために働いている。

(聖パウロ六世教皇社会教説『ポプロールム・プログレッシオ(諸国民の進歩)』発表50年を記念した、バチカンでの「人間開発のための部署」初会合。62カ国からの参加者が出席して開催された。/写真提供 菊地功東京大司教)

て働いておられるみことばを告げることは、秘跡を受ける準備となります。みことばは、秘跡においてその力が頂点に達するのです」（同174）。

「聖書の勉強（study）は、すべての信者に開かれていなければなりません。重要なことは、啓示されたみことばが、わたしたちのカテケージスと、信仰を伝えるわたしたちのあらゆる努力を、徹底的に豊かにしてくださるということです。福音化には、みことばに親しむことが必要です。また、教区や小教区、その他カトリックの諸団体には、聖書の学びに真剣に粘り強く取り組むこと、さらに個人や共同での霊的読書を促すことが求められています」（同175）。

聖書の分かち合い

実際にいろいろな方法で聖書に親しむことができます。「聖書100週間」は実績のあるプログラムです。私自身が提案しているのは「福音のヒント」を用いた「聖書の集い」というものです。小さなグループで聖書を読んで分かち合うためのヒントを提供しています。この聖書の集いの目的は、①ともにいてくださる神の発見、②ともに信仰の道を歩む仲間作り、③霊的成長です。

日本の宣教の行き詰まりから

日本の場合は、戦後のキリスト教ブームが起きてから、六〇、七〇年代の高度経済成長期になるとキリスト教会の停滞期が訪れ、それが続いています。韓国の教会は、急成長を遂げていますが、合計特殊出生率は日本よりも低く、そこから見ると日本以上に先行きは厳しい状況だと聞いたことがあります。日本でも韓国でも、実践的相対主義、つまり自分の生活の優先、神と人に対する無関心が広がっていく状況はとどまるところを知りません。

近代以降の日本の教会では、宣教師との出会いをとおして信仰を得ることが多かったせいか、個人主義的な信仰態度という傾向が強かったように思います。東日本大震災が起こったとき、岩手県の釜石教会では、津波に遭った近隣の人が、自分には関係がない場所だと、一人も教会に助けを求めて来なかったのだそうです。近隣の人々にとって、「教会は特別な人がお祈りに行く場」でしかなかったというのです。今では「カリタス釜石」の行っている活動が近隣の人々に知られるようになり、もっと教会が人々に身近な場になってきています。

ともに生きることの必要性

また、私たちカトリック東京ボランティアセンターは福島第一原発から近い福島県の原町教会の中に「カリタス南相馬」という現地支援の拠点を開設しましたが、教会は本来、地域の人々と苦しみをともにし、喜びをともにする場であることが、ミッションなのではないでしょうか。「神と人、人と人との関係回復」という大きな救いのビジョンの中で、今、苦しむ人々とともに生きることが必要です。

多くの人は不安で孤立しています。今できることは、特に高齢者、子ども（と子育てしている親）とともにあることではないかと感じています。結局、教会が人々に提供できるものは、ケリュグマを生きることから来る「安心感」と「連帯感」ではないでしょうか。加えて教皇は、ＬＧＢＴ（性的マイノリティー）、離婚者・再婚者などを何とか受け入れようとしています。すべての人を教会に招いていく、だれも排除（exclusion）しない姿勢がとても大切なのです。

典礼を典礼だけで考えない

このセミナーで段階的な入信の秘跡の歩みを学んでこられたと思いますが、それを典礼のことだけ、秘跡のことだけとして見るのではなく、人間が豊かに生きるために、それをどのように役立てていくのかが重要だと思います。繰り返しになりますが、入信の秘跡は秘跡で終わりません。そこから私たちは福音を聴き続け、霊的に成長し続ける必要があります。人間がほんとうに豊かに生きる、ということを考える中で、秘跡や共同体の持つ大切な意味を深めていくことができれば、と願っています。

◆キーワードとポイント◆

■教会も秘跡も、神のいつくしみの目に見えるしるし。何よりもこの神のいつくしみの福音を伝えるのが私たちの使命。そのために入信の全過程において共同体がオープンでなければならない。

■「相対主義」とは絶対的なものはないという考え。頭で神を認めていても、実生活では神などいないかのようにふるまう。神よりも、隣人との関係よりも「自分の生活を優先する」。経済優先、消費主義、科学技術万能主義から来ている。

■実践的相対主義（自分のことを第一に考えること）を乗り越えるためには、具体的に人と出会うことが必要。悩みを、痛みを、苦しみを共有する共同体。貧しい人との出会い。社会の現実との出会い。特に入信の秘跡は人生そのものをテーマにしている。

■『福音の喜び』から「信仰の成長」へ。「宣教しなさいという主の命令は、信仰を成長させなさいという呼びかけも含んでいます」（EG160）。

■同伴について、「教会は、自らの仲間である司祭、修道者、信徒に、他者という聖なる土地で自分の履物を脱ぐこと（出エジプト3・5参照）を学ばせてくれる、『同伴する技術』を教えなければなりません」（EG169）。同伴し、傾聴するということの大切さ。

■聖書の学びの重要性。聖書の分かち合い。小グループの大切さとして参考になるのは、ラテンアメリカの基礎共同体。南アフリカの7ステップス。具体的な方法としての「聖書100週間」「福音のヒントを用いた聖書の集い」。①ともにいてくださる神の発見　②ともに信仰の道を歩む仲間作り　③霊的成長。

■地域とともに歩む小教区のビジョンとして、踏まえておくべき日本の状況は、自分の生活を優先し、神と人に対する無関心があること。
■ボランティアベースの開設は、周囲の人々と苦しみをともにし、喜びをともにする教会のミッション。「神と人、人と人との関係回復」という大きな救いのビジョンの中で、今、苦しむ人々とともに生きる。
■今できることは、特に高齢者、子ども（子育てしている親）とともにあること。教会が人々に提供できるものは、ケリュグマを生きることからくる「安心感」と「連帯感」。
■教会におけるソーシャル・インクルージョン。ＬＧＢＴ（性的マイノリティー）、離婚者・再婚者など（使徒的勧告『愛のよろこび』）、だれも排除（exclusion）しない姿勢が大切。

オリエンス宗教研究所

「オリエンス」の名前の由来は、待降節の祈り（ラテン語）の中にあり、東からさしのぼる光、闇に埋もれている人を照らす光、つまり、イエス・キリストをさしている。淳心会（日本地区本部：兵庫県姫路市）に属する研究・出版組織として1955年に設立。

その使命は、日本の宗教文化に関するさまざまな研究活動に加え、典礼セミナーの開催、カトリック通信講座の開講、典礼学や聖書学、神学に資する書籍の刊行、エキュメニカルな情報提供を通し、福音宣教を促進することにある。毎週日曜日のミサの手引き「聖書と典礼」をはじめとして、子ども向けの週刊誌「こじか」、一般向けの月刊誌「福音宣教」、そして、日本での宣教活動や宗教文化を海外の研究機関に発信する英文季刊誌の "The Japan Mission Journal" などが定期刊行されている。

参考文献・資料

●基礎となる教会文書

『カトリック儀式書 成人のキリスト教入信式』日本カトリック典礼委員会編、カトリック中央協議会、一九七六年
『第二バチカン公会議公文書 改訂公式訳』第2バチカン公会議文書公式訳改訂特別委員会監訳、カトリック中央協議会、二〇一三年
『典礼暦年に関する一般原則および一般ローマ暦』日本カトリック典礼委員会編、カトリック中央協議会、二〇〇四年
『カトリック新教会法典』日本カトリック司教協議会教会行政法制委員会訳、有斐閣、一九九二年
『カトリック教会のカテキズム』日本カトリック司教協議会教理委員会訳・監修、カトリック中央協議会、二〇〇二年
『カトリック教会の教え』新要理書編纂特別委員会編、日本カトリック司教協議会監修、カトリック中央協議会、二〇〇三年

『キリストの神秘を祝う――典礼暦年の霊性と信心』、日本カトリック典礼委員会編、カトリック中央協議会、二〇一五年
『司牧に関する法規の手引き（新教会法典準拠）』日本カトリック司教協議会「司牧の手引き」編纂特別委員会編、カトリック中央協議会、二〇一五年

●入門的なもの

『キリスト教入信　洗礼・堅信・聖体の秘跡』国井健宏著、オリエンス宗教研究所、二〇一一年
『カトリック教会のカテキズム要約』日本カトリック司教協議会 常任司教委員会監訳、カトリック中央協議会、二〇一〇年
『YOUCAT（日本語）――カトリック教会の青年向けカテキズム』日本カトリック司教協議会 青少年司牧部門翻訳、カトリック中央協議会、二〇一三年

●典礼および入信の秘跡の歴史と神学について

『典礼の刷新――教会とともに二十年』土屋吉正著、オリエンス宗教研究所、一九八五年
『洗礼・聖餐・職務　教会の見える一致をめざして』日本キリスト教協議会信仰と職制委員会、日本カトリック教会エキュメニズム委員会編訳、日本基督教団出版局、一九八五年
『神の国をめざして――私たちにとっての第二バチカン公会議』松本三朗、オリエンス宗教研究所、一九九〇年

『暦とキリスト教』土屋吉正著、オリエンス宗教研究所、増補改訂版、二〇一五年
『洗礼論概説』E・シュリンク著、宍戸達訳、新教出版社、一九八八年
『ミサ』J・A・ユングマン著、福地幹男訳、オリエンス宗教研究所、一九九二年
『教会　その本質と課題を学ぶ』百瀬文晃編、サンパウロ、一九九五年
『古代キリスト教典礼史』J・A・ユングマン著、石井祥裕訳、平凡社、一九九七年
『キリスト教礼拝史』W・ナーゲル著、松山與志雄訳、教文館、一九九八年
『キリスト教の礼拝』J・F・ホワイト著、越川弘英訳、日本基督教団出版局、二〇〇〇年
『キリスト教礼拝の歴史』J・F・ホワイト著、越川弘英訳、日本基督教団出版局、二〇〇二年
『教会暦――祝祭日の歴史と現在』K・H・ビーリッツ著、松山與志雄訳、教文館、二〇〇三年
『救いの恵みのミュステリオン　秘跡の神学と教会の活性化』佐久間勤編、サンパウロ、二〇〇三年
『神とともにある生活　キリスト教典礼の内的風景』石井祥裕著、パピルスあい、二〇〇五年
『キリスト教礼拝・礼拝学事典』今橋朗、竹内謙太郎、越川弘英監修、日本キリスト教団出版局、二〇〇六年
『初期キリスト教の礼拝　その概念と実践』P・F・ブラッドショー著、荒瀬牧彦訳、日本基督教団出版局、二〇〇六年
『「秘跡」のガイドライン　宗教教育者のための「新カテキズム」の手引き』ケナン・B・オズボーン著、太田実訳、石脇慶總監修、新世社、二〇〇七年

『新約聖書の礼拝　初期教会におけるその形を尋ねて』F・ハーン著、越川弘英訳、新教出版社、二〇〇七年
『新約聖書の礼拝　シナゴーグから教会へ』山田耕太著、日本キリスト教団出版局、二〇〇八年
『ミサを祝う——最後の晩餐から現在まで』国井健宏著、オリエンス宗教研究所、二〇〇九年
『典礼と秘跡のハンドブックⅠ』具正謨著、教友社、二〇〇九年
『新カトリック大事典』全四巻及び別巻、研究社、一九九六年～二〇一〇年
『キリスト教入信の秘跡　洗礼・堅信・エウカリスティア』ケナン・B・オズボーン著、太田実訳、石脇慶總監修、新世社、二〇一〇年
『ミサ きのうきょう　ミサがよくわかるために』P・ジュネル著、菊地多嘉子訳、中垣純監修、改訂版、ドン・ボスコ社、二〇一二年

(tempus)catecumnatus (テンプス)カテクメナトゥス	ritus electionis seu inscriptionis nominis リトゥス・エレクチオニス・ソイ・インスクリプチオニス・ノミニ	electus エレクトゥス	tempus purificationis et illuminationis テンプス・プリフィカチオニス・エト・イルミナチオニス
教えを受ける期間	選びの式 または 名の登録の式	選ばれた者	清めと照らしの期間
求道期	洗礼志願式	洗礼志願者	洗礼準備期
求道期	入信志願式 (選びの式／記帳式)	入信志願者	清めと照らしの時 (洗礼準備期)
洗礼志願期	……	……	……
入信準備期	……	……	……
求道期	入信志願式	入信志願者	入信準備期
求道期	洗礼志願式 (入信志願式)	洗礼志願者 (入信志願者)	洗礼準備期 (入信準備期)

128-129ページの諸段階の概観図参照)

資料1　成人のキリスト教入信：とくに入信の秘跡前段階に関する用語の異同一覧

原語のラテン語	praecatechumetatus プレカテクメナトゥス	ritus ad catechumenus faciendos リトゥス・アド・カテクメヌス・ファチエンドス	catechumenus カテクメヌス
元来の意味	教えを受ける前の期間	教えを受ける者とする式	教えを受ける者
『成人のキリスト教入信式』 （日本語　暫定版 1976）	求道期前の期間	入門式	求道者
国井健宏『キリスト教入信 ――洗礼・堅信・聖体の秘跡』 （オリエンス宗教研究所 2011）	求道者になる前の時期 （求道前期）	求道者になる式 （入門式）	求道者
『カトリック新教会法典』 （邦訳 2002）788 条等	求道期間	……	洗礼志願者
『第二バチカン公会議公文書』 （改訂公式訳　2013） 「典礼憲章」65 「宣教活動教令」14等	……	……	洗礼志願者
『司牧に関する 法規の手引き』2015	……	入門式	求道者
本書の用語法	前求道期	入門式	求道者

（各文献および『新カトリック大事典』項目「洗礼」をもとに編集部作表。全体の流れについては

資料2　教会暦　季節（期節）の構成と呼称の諸教会対照表

カトリック教会	聖公会	ルーテル教会	日本基督教団	東方正教会
【待降節】 待降節第1主日 待降節第2主日 待降節第3主日 待降節第4主日	【降臨節】 降臨節第1主日 第2主日 第3主日 第4主日	【待降節】 待降節第1主日 第2主日 第3主日 第4主日	【降誕前／待降節】 降誕前　第4主日 （待降節　第1主日） 降誕前　第3主日 （待降節　第2主日） 降誕前　第2主日 （待降節　第3主日） 降誕前　第1主日 （待降節　第4主日）	【五旬祭後】 五旬祭後第○主日 ⋮
【降誕節】 主の降誕（12.25） 聖家族（主日　注1） 神の母聖マリア(1.1)	【降誕節】 降誕日 降誕後第1主日 主イエスの命名の日 降誕後第2主日	【降誕刷】 聖誕日 降誕後第1主日 主の命名日 降誕後第2主日	【降誕節】 降誕日 降誕節第1主日 降誕節第2主日	主の降誕祭(12.25) 五旬祭後第32主日
主の公現（主日） 主の洗礼（主日） 【年間】 年間第2主日 ⋮ 年間第○主日	【顕現節】 顕現日(1.6) 顕現後第1主日 ⋮ 顕現後第○主日 大斎節前主日	【顕現節】 顕現日(1.6) 顕現節第1主日 ⋮ 顕現節第○主日 顕現節最終主日	公現日 降誕節第3主日 ⋮ 降誕節第○主日	神現祭（洗礼祭 1.6) 税吏とパリサイの主日 放蕩息子の主日 断肉の主日 乾酪の主日
【四旬節】 灰の水曜日 四旬節第1主日 四旬節第2主日 四旬節第3主日 四旬節第4主日 四旬節第5主日 受難の主日(枝の主日) 〔聖週間〕	【大斎節】 大斎始日(灰の水曜日) 大斎節第1主日 大斎節第2主日 大斎節第3主日 大斎節第4主日 大斎節第5主日 復活前主日 〔聖週〕	【四旬節】 聖灰水曜日 四旬節第1主日 四旬節第2主日 四旬節第3主日 四旬節第4主日 四旬節第5主日 棕櫚主日 〔受難週〕	【復活前節】 灰の水曜日 復活前節第6主日 復活前節第5主日 復活前節第4主日 復活前節第3主日 復活前節第2主日 復活前節第1主日 〔受難週〕	【大斎】 大斎の始め 正教勝利の主日 聖グレゴリイ·パラマスの主日 十字架叩拝の日 階梯者聖ヨハネの主日 エジプトの聖マリアの主日 聖枝祭 〔受難週間〕
【復活節】 復活の主日 〔復活の8日間〕 復活節第2主日 復活節第3主日 復活節第4主日 復活節第5主日 復活節第6主日 主の昇天（主日） 聖霊降臨の主日	【復活節】 復活日 復活節第2主日 復活節第3主日 復活節第4主日 復活節第5主日 復活節第6主日 昇天日（木曜日） 復活節第7主日 聖霊降臨日	【復活節】 復活日 復活節第2主日 復活節第3主日 復活節第4主日 復活節第5主日 復活節第6主日 昇天日（木曜日） 復活節第7主日 聖霊降臨日	【復活節】 復活日・復活節第1主日 復活節第2主日 復活節第3主日 復活節第4主日 復活節第5主日 復活節第6主日 昇天日（木曜日） 復活節第7主日(昇天後主日) 【聖霊降臨節】 聖霊降臨日·聖霊降臨節第1主日	【大祭】 復活大斎 〔光明週間〕 聖使徒トマスの主日 携香女の主日 中風者の主日 サマリアの女の主日 瞽者（こしゃ）の主日 昇天祭（木曜日） 諸聖神父の主日 聖霊降臨祭（五旬祭）
【年間】 三位一体の主日 キリストの聖体(主日) 年間第○主日 ⋮ 年間第33主日 王であるキリスト(主日)	【聖霊降臨後の節】 三位一体主日 聖霊降臨後第2主日 ⋮ 聖霊降臨後第○主日 降誕節前主日	【聖霊降臨後】 三位一体主日 聖霊降臨後第2主日 ⋮ 聖霊降臨後第○主日 聖霊降臨後最終主日	聖霊降臨後第2主日(三位一体) ⋮ 聖霊降臨後第○主日(最終主日) 【降誕前節】 降誕前節第9主日 降誕前節第8主日 降誕前節第7主日 降誕前節第6主日 降誕前節第5主日	【五旬祭後】 衆聖人の主日 衆聖人の後の主日 五旬祭後第3主日 ⋮ 五旬祭後第○主日

注1）聖家族（祝日）　主の降誕の八日間中の主日。その間に主日がない場合は12月30日となる。

資料3　主な祝祭日（主の祝祭日、マリアの祝祭日、使徒の祝祭日におもに注目した対照表）

	カトリック教会	聖 公 会	ルーテル教会	東方正教会（＊は12大祭）	
1月 1日	神の母聖マリア（祭日）	主イエス命名の日	主の命名日	1月 1日	主の割礼祭
6日	主の公現（祭日）注1	顕現日	顕現日	1月 6日	神顕祭（洗礼祭）＊
	主の洗礼（祝日）注2				
25日	聖パウロの回心（祝日）	使徒聖パウロ回心	使徒パウロ		
2月 2日	主の奉献（祝日）	被献日			
5日	日本26聖人殉教者（祝日）			2月 2日	主の進堂祭（迎接祭）＊
22日	聖ペトロの使徒座（祝日）				
24日		使徒聖マッテヤ	使徒マッテヤ		
3月 19日	聖ヨセフ（祭日）注3	聖ヨセフ			
25日	神のお告げ（祭日）注4	聖マリヤへのみ告げ	主の母マリア	3月25日	生神女福音祭＊
〔移動〕	受難の主日（枝の主日）	復活前主日	棕櫚主日		聖枝祭＊
	復活の主日（祭日）	復活日	復活日		復活大祭
4月 25日	聖マルコ福音記者（祝日）	福音記者聖マルコ	福音記者マルコ	4月25日	福音記者使徒マルコ
5月 1日		使徒聖ピリポ・使徒聖ヤコブ	使徒ピリポと使徒ヤコブ	30日	使徒ヤコブ（ゼベダイの子）
3日	聖フィリポ聖ヤコブ使徒（祝日）			5月 8日	福音記者使徒ヨハネ
14日	聖マチア使徒（祝日）			10日	使徒シモン
31日	聖母の訪問（祝日）				
〔移動〕	主の昇天（祭日）注5	昇天日	昇天日		主の昇天祭＊
	聖霊降臨の主日（祭日）	聖霊降臨日	聖霊降臨日		聖霊降臨祭（五旬祭）＊
	三位一体の主日（祭日）注6	三位一体主日	三位一体主日		
	キリストの聖体（祭日）注7				
	イエスのみ心（祭日）注8				
6月 11日	聖バルナバ使徒（記念日）	使徒聖バルナバ		6月11日	使徒バルトロマイと使徒バルナバ
				19日	使徒ユダ
24日	洗礼者聖ヨハネの誕生（祭日）	洗礼者聖ヨハネ誕生	洗礼者ヨハネ	24日	授洗者ヨハネ祭
29日	聖ペトロ聖パウロ使徒（祭日）	使徒聖ペテロ・使徒聖パウロ	使徒ペテロ	29日	聖使徒ペテロ・パウロ祭
7月 3日	聖トマ使徒（祝日）				
22日	聖マリア（マグダラ）（祝日）	マグダラの聖マリヤ		7月22日	マグダラのマリア
25日	聖ヤコブ使徒（祝日）	使徒聖ヤコブ	長老・使徒ヤコブ		
8月 6日	主の変容（祝日）	主イエス変容の日	（主の変貌）	8月6日	主の変容祭（顕栄祭）＊
				9日	使徒マッテヤ
15日	聖母の被昇天（祭日）	主の母聖マリヤ		15日	生神女就寝祭＊
24日	聖バルトロマイ使徒（祝日）	使徒聖バルトロマイ	使徒バルトロマイ		
9月 8日	聖マリアの誕生（祝日）			9月8日	生神女誕生祭＊
14日	十字架称賛（祝日）			14日	十字架挙栄祭＊
21日	聖マタイ使徒福音記者（祝日）	福音記者聖マタイ	福音記者・使徒マタイ		
29日	聖ミカエル　聖ガブリエル	聖ミカエルと諸天使	ミカエルと天使		
	聖ラファエル大天使（祝日）			10月 6日	使徒トマス
				9日	使徒ヤコブ（アルファイの子）
				18日	使徒福音記者ルカ
10月 18日	聖ルカ福音記者（祝日）	福音記者聖ルカ	福音記者ルカ	23日	殉教者ヤコブ
28日	聖シモン　聖ユダ使徒（祝日）	使徒聖シモン・使徒聖ユダ	使徒シモンと使徒ユダ		
31日			［宗教改革記念日］		
11月 1日	諸聖人（祭日）	諸聖徒	全聖徒	11月14日	使徒フィリポ
2日	死者の日			16日	使徒福音記者マタイ
				21日	生神女奉献祭＊
30日	聖アンデレ使徒（祝日）	使徒聖アンデレ	使徒アンデレ	30日	使徒アンデレ
12月 3日	日本宣教の保護者 聖フランシスコ・ザビエル司祭（祝日）				
8日	無原罪の聖マリア（祭日）				
21日		使徒聖トマス	使徒トマス		
25日	主の降誕（祭日）	降誕日	聖誕日	12月25日	降誕祭＊
26日	聖ステファノ殉教者（祝日）	最初の殉教者聖ステパノ	殉教者ステパノ	27日	殉教者ステパノ
27日	聖ヨハネ使徒福音記者（祝日）	福音記者使徒聖ヨハネ	福音記者・使徒ヨハネ		
28日	幼子殉教者（祝日）	聖なる幼子	聖なる幼子	29日	幼子

カトリック教会の祝祭日に関する注記

注1：主の公現は、日本では、1月2～8日の間の主日

注2：主の洗礼は、主の公現直後の主日。日本で主の公現が1月7日か8日のときはその翌日の月曜日。

注3：聖ヨセフは、受難の主日と重なるときは前日の土曜日。四旬節以外に移されることもある。

注4：神のお告げは、聖週間あるいは復活の8日間に重なるとき、復活節第2主日後の月曜日に移る。

注5：主の昇天は本来は3活後40日目＝復活節第5週の木曜日だが、日本では復活節第7主日に祝う。

注6：三位一体の祭日は、聖霊降臨後第1主日

注7：キリストの聖体は、聖霊降臨後第2主日

注8：イエスのみ心は、聖霊降臨後第2主日後の金曜日

聖霊降臨	696, 726, 731-732, 737-741, 830, 1076, 1287, 2623 ／ 599, 597,674, 715 ／ 1152, 1226, 1302, 1556 ／ 767, 775, 798, 796, 813, 1097, 1108-1109
三位一体	202, 232-260, 684, 732／249, 813, 950, 1077-1109, 2845／2655, 2664-2672／2205
キリストの聖体	790, 1003, 1322-1419／805, 950, 2181-2182, 2637, 2845／1212, 1275, 1436, 2837
イエスのみ心	210-211, 604／430, 478, 545, 589, 1365, 1439, 1825, 1846／2669／766, 1225／1432, 2100
年間 2	604-609 ／ 689-690
年間 3	551, 765 ／ 541-543 ／ 813-822
年間 4	459, 520-521 ／ 1716-1724 ／ 64, 716
年間 5	782 ／ 2044-2046 ／ 2443-2449 ／ 1243 ／ 272
年間 6	577-582 ／ 1961-1964 ／ 2064-2068
年間 7	1933, 2303 ／ 2262-2267 ／ 2842-2845 ／ 2012-2016 ／ 1265 ／ 2684
年間 8	302-314 ／ 2113-2115 ／ 2632 ／ 2830
年間 9	2822-2827 ／ 2611 ／ 1987-1995
年間 10	545, 589 ／ 2099-2100 ／ 144-146, 2572
年間 11	551, 761-766 ／ 783-786 ／ 849-865
年間 12	852 ／ 905 ／ 1808, 1816 ／ 2471-2474 ／ 359, 402-411, 615
年間 13	2232-2233 ／ 537, 628, 790, 1213, 1226-1228, 1694 ／ 1987
年間 14	514-521 ／ 238-242 ／ 989-990
年間 15	546 ／ 1703-1709 ／ 2006-2011 ／ 1046-1047 ／ 2707
年間 16	543-550 ／ 309-314 ／ 825, 827 ／ 1425-1429 ／ 2630
年間 17	407 ／ 1777-1785 ／ 1786-1789 ／ 1038-1041 ／ 1037
年間 18	2828-2837 ／ 1335 ／ 1391-1401
年間 19	164 ／ 272-274 ／ 671-672 ／ 56-64, 121-122, 218-219 ／ 839-840
年間 20	543-544 ／ 674 ／ 2610 ／ 831, 849
年間 21	551-553 ／ 880-887
年間 22	618 ／ 555, 1460, 2100 ／ 2015 ／ 2427
年間 23	2055 ／ 1443-1445 ／ 2842-2845
年間 24	218-221 ／ 294 ／ 2838-2845
年間 25	210-211 ／ 588-589
年間 26	1807 ／ 2842 ／ 1928-1930, 2425-2426 ／ 446-461 ／ 2822-2827
年間 27	755 ／ 1830-1832 ／ 443
年間 28	543-546 ／ 1402-1405, 2837
年間 29	1897-1917 ／ 2238-2244
年間 30	2052-2074 ／ 2061-2063
年間 31	2044 ／ 876, 1550-1551
年間 32	671-672 ／ 988-991 ／ 1036, 2612
年間 33	2006-2011 ／1038-1041 ／1048-1050 ／ 1936-1937 ／ 2331, 2334 ／ 1603-1605
王であるキリスト	440, 446-451, 668-672, 783, 786, 908, 2105, 2628 ／ 678-679, 1001, 1038-1041 ／ 2816-2821

出典：典礼秘跡省「説教指針」2014年　　※数字は『カトリック教会のカテキズム』の番号

資料4　主日のミサの聖書朗読配分とカテキズム〔Ａ年〕

待降節１	668-677, 769 ／ 451, 671, 1130, 1403, 2817/2729-2733
待降節２	522, 711-716, 722 ／ 523, 717-720 ／ 1427-29
待降節３	30, 163, 301, 736, 1829, 1832, 2015, 2362／227, 2613, 2665, 2772／439, 547-550, 1751
待降節４	496-507, 495 ／ 437, 456, 484-486, 721-726 ／ 1846 ／ 445, 648, 695 ／ 143-149, 494, 2087
主の降誕	456-460, 466 ／ 461-463, 470-478 ／ 437, 525-526 ／ 439, 496, 559, 2616 ／ 65, 102 ／ 333 ／ 1159-1162, 2131, 2502
聖家族	531-534 ／ 1655-1658, 2204-2206 ／ 2214-2233 ／ 333, 530
神の母	464-469 ／ 495, 2677 ／ 1, 52, 270, 294, 422, 654, 1709, 2009 ／ 527, 577-582 ／ 580, 1972 ／ 683, 689, 1695, 2766, 2777-2778 ／ 430-435, 2666-2668, 2812
降誕祭後の主日	151, 241, 291, 423, 445, 456-463, 504-505, 526, 1216, 2466, 2787 ／ 272, 295, 299, 474, 721, 1831 ／ 158, 283, 1303, 1831, 2500
主の公現	528, 724 ／ 280, 529, 748, 1165, 2466, 2715 ／ 60, 442, 674, 755, 767, 774-776, 781, 831
四旬節１	394, 538-540, 2119 ／ 2846-2849 ／ 385-390, 396-400 ／ 359, 402-411, 615
四旬節２	554-556, 568 ／ 59, 145-146, 2570-2571 ／ 706 ／ 2012-2014, 2028, 2813
四旬節３	1214-1216, 1226-1228 ／ 727-729 ／ 694, 733-736, 1215, 1999, 2652 ／ 604, 733, 1820, 1825, 1992, 2658
四旬節４	280, 529, 748, 1165, 2466, 2715／439, 496, 559, 2616／1216／782, 1243, 2105
四旬節５	992-996 ／ 549, 640, 646 ／ 2603-2604 ／ 1002-1004 ／ 1402-1405, 1524 ／ 989-990
受難（枝）の主日	557-560 ／ 602-618 ／ 2816 ／ 654, 1067-1068, 1085, 1362
主の晩餐	1337-1344 ／ 1359-1361 ／ 610, 1362-1372, 1382, 1436 ／ 1373-1381 ／ 1384-1401, 2837 ／ 1402-1405 ／ 611, 1366
主の受難	602-618, 1992 ／ 612, 2606, 2741 ／ 467, 540, 1137 ／ 2825
復活の主日	638-655, 989, 1001-1002 ／ 647, 1167-1170, 1243, 1287 ／ 1212 ／ 1214-1222, 1226-1228, 1234-1245, 1254 ／ 1286-1289 ／ 1322-1323
復活節２	448, 641-646 ／ 1084-1089 ／ 2177-2178, 1342 ／ 654-655, 1988 ／ 976-983, 1441-1442 ／ 949-953, 1329, 1342, 2624, 2790
復活節３	1346-1347 ／ 642-644, 857, 995-996 ／ 102, 601, 426-429, 2763 ／ 457, 604-605, 608, 615-616, 1476, 1992
復活節４	754, 764, 2665 ／ 553, 857, 861, 881, 896, 1558, 1561, 1568, 1574 ／ 874, 1120, 1465, 1536, 1548-1551, 1564, 2179, 2686 ／ 14, 189, 1064, 1226, 1236, 1253-1255, 1427-1429 ／ 618, 2447
復活節５	2746-2751 ／ 661, 1025-1026, 2795 ／ 151, 1698, 2614, 2466 ／ 1569-1571 ／ 782, 803, 1141, 1174, 1269, 1322
復活節６	2746-2751 ／ 243, 388, 692, 729, 1433, 1848 ／ 1083, 2670-2672
主の昇天	659-672, 697, 792, 965, 2795
復活節７	2746-2751 ／ 312, 434, 648, 664 ／ 2614, 2741 ／ 726, 2617-2619, 2673-2679

三位一体	202, 232-260, 684, 732／249, 813, 950, 1077-1109, 2845／2655, 2664-2672／ 2205
キリストの聖体	790, 1003, 1322-1419／805, 950, 2181-2182, 2637, 2845／1212, 1275, 1436, 2837
イエスのみ心	210-211, 604 ／ 430, 478, 545, 589, 1365, 1439, 1825, 1846 ／ 2669 ／ 766, 1225 ／ 1432, 2100
年間 2	462, 516, 2568, 2824 ／ 543-546 ／ 873-874 ／ 364, 1004 ／ 1656, 2226
年間 3	51-64 ／ 1427-1433 ／ 1886-1889
年間 4	547-550 ／ 447, 438, 550 ／ 64, 762, 2595 ／ 922, 1618-1620
年間 5	547-550 ／ 1502-1505 ／ 875, 1122
年間 6	1474 ／ 1939-1942 ／ 2288-2291
年間 7	1421, 1441-1442 ／ 987, 1441, 1741 ／ 1425-1426 ／ 1065
年間 8	772-773, 796 ／ 796
年間 9	345-349, 582, 2168-2173 ／ 1005-1014, 1470, 1681-1683
年間 10	410-412 ／ 374-379 ／ 385-409 ／ 517, 550
年間 11	543-546 ／ 2653-2654, 2660, 2716
年間 12	423, 464-469 ／ 1814-1816 ／ 671-672
年間 13	548-549, 646, 994 ／ 1009-1014 ／ 1042-1050
年間 14	2581-2584 ／ 436 ／ 162 ／ 268, 273, 1508
年間 15	1506-1509／737-741／849-856／1122, 1533／693, 698, 706, 1107, 1296／492
年間 16	2302-2306 ／ 2437-2442
年間 17	1335 ／ 814-815, 949-959
年間 18	1333-1336 ／ 1691-1696
年間 19	1341-1344 ／ 1384-1390
年間 20	1402-1405 ／ 2828-2837 ／ 1336
年間 21	796 ／ 1061-1065 ／ 1612-1617, 2360-2365
年間 22	577-582 ／ 1961-1974
年間 23	1503-1505 ／ 1151-1152 ／ 270-271
年間 24	713-716 ／ 440, 571-572, 601 ／ 618 ／ 2044-2046
年間 25	539, 565, 600-605, 713 ／ 786 ／ 1547, 1551 ／ 2538-2540 ／ 2302-2306
年間 26	821, 1126, 1636 ／ 2445-2446, 2536, 2544-2547 ／ 1852
年間 27	1602-1617, 1643-1651, 2331-2336 ／ 2331-2336 ／ 1832 ／ 2044, 2147, 2156, 2223, 2787
年間 28	101-104 ／ 131-133 ／ 2653-2654 ／ 1723, 2536, 2444-2447
年間 29	599-609 ／ 520 ／ 467, 540, 1137
年間 30	547-550 ／ 1814-1816 ／ 2734-2737
年間 31	2083 ／ 2052, 2093-2094 ／ 1539-1547
年間 32	519-521／2544-2547／1434, 1438, 1753, 1969, 2447／2581-2584／1021-1022
年間 33	1038-1050 ／ 613-614, 1365-1367
王であるキリスト	440, 446-451, 668-672, 783, 786, 908, 2105, 2628 ／ 678-679, 1001, 1038-1041 ／ 2816-2821

出典：典礼秘跡省「説教指針」2014年

※数字は『カトリック教会のカテキズム』の番号

資料5　主日のミサの聖書朗読配分とカテキズム〔B年〕

待降節1	668-677, 769 ／ 451, 671, 1130, 1403, 2817 ／ 35 ／ 827, 1431, 2677, 2839
待降節2	522, 711-716, 722 ／ 523, 717-720 ／ 1042-1050
待降節3	30, 163, 301, 736, 1829, 1832, 2015, 2362 ／ 713-714 ／ 218-219 ／ 772, 796
待降節4	484-494 ／ 439, 496, 559, 2616 ／ 143-149, 494, 2087
主の降誕	456-460, 466 ／ 461-463, 470-478 ／ 437, 525-526 ／ 439, 496, 559, 2616 ／ 65, 102 ／ 333 ／ 1159-1162, 2131, 2502
聖家族	531-534 ／ 1655-1658, 2204-2206 ／ 2214-2233 ／ 529, 583, 695 ／ 144-146, 165, 489, 2572, 2676
神の母	464-469 ／ 495, 2677 ／ 1, 52, 270, 294, 422, 654, 1709, 2009 ／ 527, 577-582 ／ 580, 1972 ／ 683, 689, 1695, 2766, 2777-2778 ／ 430-435, 2666-2668, 2812
降誕祭後の主日	151, 241, 291, 423, 445, 456-463, 504-505, 526, 1216, 2466, 2787 ／ 272, 295, 299, 474, 721, 1831 ／ 158, 283, 1303, 1831, 2500
主の公現	528, 724 ／ 280, 529, 748, 1165, 2466, 2715 ／ 60, 442, 674, 755, 767, 774-776, 781, 831
四旬節1	394, 538-540, 2119 ／ 2846-2849 ／ 56-58, 71 ／ 845, 1094, 1219 ／ 1116, 1129, 1222 ／ 1257, 1811
四旬節2	554-556, 568 ／ 59, 145-146, 2570-2572 ／ 153-159 ／ 2059 ／ 603, 1373, 2634, 2852
四旬節3	459, 577-582 ／ 593, 583-586 ／ 1967-1968 ／ 272, 550, 853
四旬節4	389, 457-458, 846, 1019, 1507 ／ 679 ／ 55 ／ 710
四旬節5	606-607 ／ 542, 607 ／ 690, 729 ／ 662, 2853 ／ 56-64, 220, 715, 762, 1965
受難(枝)の主日	557-560 ／ 602-618 ／ 2816 ／ 654, 1067-1068, 1085, 1362
主の晩餐	1337-1344 ／ 1359-1361 ／ 610, 1362-1372, 1382, 1436 ／ 1373-1381 ／ 1384-1401, 2837 ／ 1402-1405 ／ 611, 1366
主の受難	602-618, 1992 ／ 612, 2606, 2741 ／ 467, 540, 1137 ／ 2825
復活の主日	638-655, 989, 1001-1002 ／ 647, 1167-1170, 1243, 1287 ／ 1212 ／ 1214-1222, 1226-1228, 1234-1245, 1254 ／ 1286-1289 ／ 1322-1323
復活節2	448, 641-646 ／ 1084-1089 ／ 2177-2178, 1342 ／ 654-655, 1988 ／ 976-983, 1441-1442 ／ 949-953, 1329, 1342, 2624, 2790
復活節3	1346-1347／642-644, 857, 995-996／102, 601, 426-429, 2763／519, 662, 1137
復活節4	754, 764, 2665／553, 857, 861, 881, 896, 1558, 1561, 1568, 1574／874, 1120, 1465, 1536, 1548-1551, 1564, 2179, 2686／756／1, 104, 239, 1692, 1709, 2009, 2736
復活節5	2746-2751 ／ 736, 737, 755, 787, 1108, 1988, 2074 ／ 953, 1822-1829
復活節6	2746-2751 ／ 214, 218-221, 231, 257, 733, 2331, 2577 ／ 1789, 1822-1829, 2067, 2069 ／ 2347, 2709
主の昇天	659-672, 697, 792, 965, 2795
復活節7	2746-2751 ／ 2614, 2741 ／ 611, 2812, 2821
聖霊降臨	696, 726, 731-732, 737-741, 830, 1076, 1287, 2623 ／ 599, 597,674, 715 ／ 1152, 1226, 1302, 1556 ／ 767, 775, 798, 796, 813, 1097, 1108-1109

三位一体	202, 232-260, 684, 732／249, 813, 950, 1077-1109, 2845／2655, 2664-2672／2205
キリストの聖体	790, 1003, 1322-1419／805, 950, 2181-2182, 2637, 2845／1212, 1275, 1436, 2837
イエスのみ心	210-211, 604 ／ 430, 478, 545, 589, 1365, 1439, 1825, 1846 ／ 2669 ／ 766, 1225 ／ 1432, 2100
年　間　2	528 ／ 796 ／ 1612-1617 ／ 2618 ／ 799-801, 951, 2003
年　間　3	714 ／ 1965-1974 ／ 106, 108, 515 ／ 787-795
年　間　4	436, 1241, 1546／904-907／103-104／1822-1829／772-773, 953／314, 1023, 2519
年　間　5	520, 618, 923, 1618, 1642, 2053 ／ 2144, 2732 ／ 631-644
年　間　6	1820 ／ 2544-2547 ／ 655, 989-991, 1002-1003
年　間　7	210-211 ／ 1825, 1935, 1968, 2303, 2647, 2842-2845 ／ 359, 504
年　間　8	2563 ／ 1755-1756 ／ 1783-1794 ／ 2690 ／ 1009-1013
年　間　9	543-546 ／ 774-776 ／ 2580 ／ 583-586
年　間　10	646, 994 ／ 1681 ／ 2583 ／ 2637
年　間　11	1441-1442 ／ 1987-1995 ／ 2517-2519 ／ 1481, 1736, 2538
年　間　12	599-605 ／ 1435 ／ 787-791 ／ 1227, 1243, 1425, 2348
年　間　13	587 ／ 2052-2055 ／ 1036, 1816
年　間　14	541-546 ／ 787, 858-859 ／ 2122 ／ 2816-2821 ／ 555, 1816, 2015
年　間　15	299, 381 ／ 1931-1933 ／ 2447 ／ 1465 ／ 203, 291, 331, 703
年　間　16	2571 ／ 2241 ／ 2709-2719 ／ 618, 1508 ／ 568, 772
年　間　17	2634-2636 ／ 2566-2567 ／ 2761-2772 ／ 2609-2610, 2613, 2777-2785 ／ 2654 ／ 537, 628, 1002, 1227
年　間　18	661, 1042-1050, 1821 ／ 2535-2540, 2547, 2728
年　間　19	144-149 ／ 1817-1821 ／ 2729-2733 ／ 144-146, 165, 2572, 2676
年　間　20	575-576 ／ 1816 ／ 2471-2474 ／ 946-957, 1370, 2683-2684 ／ 1161
年　間　21	543-546 ／ 774-776 ／ 2825-2827 ／ 853, 1036, 1344, 1889, 2656
年　間　22	525-526 ／ 2535-2540 ／ 2546, 2559, 2631, 2713 ／ 1090, 1137-1139 ／ 2188
年　間　23	273, 300, 314 ／ 36-43 ／ 2544 ／ 914-919, 931-932
年　間　24	210-211 ／ 604-605, 1846-1848 ／ 1439, 1700, 2839 ／ 1465, 1481
年　間　25	2407-2414／2443-2449／2635／65-67, 480, 667／2113, 2424, 2848／1900, 2636
年　間　26	1939-1942 ／ 2437-2449 ／ 2831 ／ 633, 1021, 2463, 2831 ／ 1033-1037
年　間　27	153-165, 2087-2089 ／ 84 ／ 91-93
年　間　28	1503-1505, 2616 ／ 543-550, 1151 ／ 224, 2637-2638 ／ 1010
年　間　29	2574-2577 ／ 2629-2633 ／ 2653-2654 ／ 2816-2821 ／ 875
年　間　30	588, 2559, 2613, 2631 ／ 2616 ／ 2628 ／ 2631
年　間　31	293-294, 299, 341, 353 ／ 1459, 2412, 2487
年　間　32	992-996 ／ 997-1004 ／ 1023-1029 ／ 1030-1032
年　間　33	162-165 ／ 675-677 ／ 307, 531, 2427-2429 ／ 673, 1001, 2730
王であるキリスト	440, 446-451, 668-672, 783, 786, 908, 2105, 2628 ／ 678-679, 1001, 1038-1041 ／ 2816-2821

出典：典礼秘跡省「説教指針」2014年

※数字は『カトリック教会のカテキズム』の番号

資料6　主日のミサの聖書朗読配分とカテキズム〔C 年〕

待降節1	668-677, 769 ／ 451, 671, 1130, 1403, 2817 ／ 439, 496, 559, 2616 ／ 207, 210-214, 270, 1062-1063
待降節2	522, 711-716, 722 ／ 523, 717-720 ／ 710 ／ 2532, 2636
待降節3	30, 163, 301, 736, 1829, 1832, 2015, 2362 ／ 523-524, 535 ／ 430-435
待降節4	148, 495, 717, 2676 ／ 462, 606-607, 2568, 2824
主の降誕	456-460, 466 ／ 461-463, 470-478 ／ 437, 525-526 ／ 439, 496, 559, 2616 ／ 65, 102 ／ 333 ／ 1159-1162, 2131, 2502
聖家族	531-534 ／ 1655-1658, 2204-2206 ／ 2214-2233 ／ 534, 583, 2599 ／ 64, 489, 2578 ／ 1, 104, 239, 1692, 1709, 2009, 2736 ／ 163, 1023, 1161, 2519, 2772
神の母	464-469 ／ 495, 2677 ／ 1, 52, 270, 294, 422, 654, 1709, 2009 ／ 527, 577-582 ／ 580, 1972 ／ 683, 689, 1695, 2766, 2777-2778 ／ 430-435, 2666-2668, 2812
降誕祭後の主日	151, 241, 291, 423, 445, 456-463, 504-505, 526, 1216, 2466, 2787 ／ 272, 295, 299, 474, 721, 1831 ／ 158, 283, 1303, 1831, 2500
主の公現	528, 724／280, 529, 748, 1165, 2466, 2715／60, 442, 674, 755, 767, 774-776, 781, 831
四旬節1	394, 538-540, 2119 ／ 2846-2849 ／ 1505 ／ 142-143, 309 ／ 59-63
四旬節2	554-556, 568 ／ 59, 145-146, 2570-2572 ／ 1000 ／ 645, 999-1001
四旬節3	210, 2575-2577 ／ 1963-1964 ／ 2851 ／ 128-130, 1094 ／ 736, 1108-1109, 1129, 1521, 1724, 1852, 2074, 2516, 2345, 2731
四旬節4	1439, 1465, 1481, 1700, 2839 ／ 207, 212, 214 ／ 1441, 1443 ／ 982 ／ 1334
四旬節5	430, 545, 589, 1846-1847 ／ 133, 428, 648, 989, 1006 ／ 2475-2479
受難(枝)の主日	557-560 ／ 602-618 ／ 2816 ／ 654, 1067-1068, 1085, 1362
主の晩餐	1337-1344 ／ 1359-1361 ／ 610, 1362-1372, 1382, 1436 ／ 1373-1381 ／ 1384-1401, 2837 ／ 1402-1405 ／ 611, 1366
主の受難	602-618, 1992 ／ 612, 2606, 2741 ／ 467, 540, 1137 ／ 2825
復活の主日	638-655, 989, 1001-1002 ／ 647, 1167-1170, 1243, 1287 ／ 1212 ／ 1214-1222, 1226-1228, 1234-1245, 1254 ／ 1286-1289 ／ 1322-1323
復活節2	448, 641-646 ／ 1084-1089 ／ 2177-2178, 1342 ／ 654-655, 1988 ／ 976-983, 1441-1442 ／ 949-953, 1329, 1342, 2624, 2790 ／ 612, 625, 635, 2854
復活節3	642-644, 857, 995-996 ／ 553, 641, 881, 1429 ／ 1090, 1137-1139, 1326
復活節4	754, 764, 2665 ／ 553, 857, 861, 881, 896, 1558, 1561, 1568, 1574 ／ 874, 1120, 1465, 1536, 1548-1551, 1564, 2179, 2686 ／ 60, 442, 543, 674, 724, 755, 775, 781 ／ 957, 1138, 1173, 2473-2474
復活節5	2746-2751／459, 1823, 2074, 2196, 2822, 2842／756, 865, 1042-1050, 2016, 2817
復活節6	2746-2751 ／ 243, 388, 692, 729, 1433, 1848 ／ 1965-1974 ／ 865, 869, 1045, 1090, 1198, 2016
主の昇天	659-672, 697, 792, 965, 2795
復活節7	521 ／ 787-790, 795, 1044-1047
聖霊降臨	696, 726, 731-732, 737-741, 830, 1076, 1287, 2623 ／ 599, 597,674, 715 ／ 1152, 1226, 1302, 1556 ／ 767, 775, 798, 796, 813, 1097, 1108-1109

資料7　主日のミサの聖書朗読配分とカテキズム〔他の祝祭日〕

3月19日　聖ヨセフ	437, 497, 532-534, 1014, 1846, 2177 ／ 2214-2220
6月29日　聖ペトロ・聖パウロ使徒	153, 424, 440, 442, 552, 765, 880-881 ／ 442, 601, 639, 642, 1508, 2632-2633, 2636, 2638
8月15日　聖母の被昇天	411, 966-971, 974-975, 2853 ／ 773, 829, 967, 972 ／ 2673-2679
11月1日　諸　聖　人	61, 946-962, 1090, 1137-1139, 1370 ／ 956, 2683 ／ 828, 867, 1173, 2030, 2683-2684
12月8日　無原罪の聖マリア	411, 489-493, 722, 2001, 2853

出典：典礼秘跡省「説教指針」2014年

※数字は『カトリック教会のカテキズム』の番号

おわりに

二〇一六年に私どもオリエンス宗教研究所では、一〇回にわたって「オリエンス典礼セミナーII」を開催しました。

これは、「教会共同体を活かす秘跡——求道者とともに歩むために」をテーマとして、入信の秘跡を中心に信仰者の養成・育成の問題とともに、この秘跡に奉仕する教会共同体そのもののあり方を考えることを目指したものです。

同時にこれは、ミサの意味や典礼暦年・聖書朗読配分の意味を、入信教育、教会共同体づくりなどの観点から考察し、学んでいくものでありました。

『典礼憲章』は、「典礼は教会の活動が目指す頂点であり、同時に教会のあらゆる力が流れ出る源泉」（10）であると記しています。入信者を温かく迎え入れる入信の秘跡は、目に見える神の場のしるしであり、共同体全体が意識的、行動的に参加するよう導かれている実践の場です。

このようなテーマを追求した典礼セミナーの実りとして、本書は、入信の神学の入門的なテキストとして教会生活の中で幅広く役立ち、多くの方の心に福音の喜びの種がまかれ、神との交わりが豊かに築かれていくよう願って編纂されたものです。

この場をお借りして、典礼セミナーの講義と、それをもとに執筆をしてくださった皆様に厚く御礼を申し上げます。とりわけ、本書全体にわたって目を通し、さらに「はじめに」をご執筆くださった白浜満司教様に深く感謝申し上げます。

本書を通して、神に向かう信仰の成長が新たに育まれ、共同体全体が福音宣教に取り組むことができるよう心よりお祈り申し上げます。

二〇一九年九月一日

オリエンス宗教研究所

所長　コンスタンチノ・コンニ・カランバ

執筆者——執筆順、「　」内は執筆担当箇所

白浜《しらはま》　満《みつる》　「はじめに」
広島教区司教、日本カトリック典礼委員会委員長

石井祥裕《いしいよしひろ》　「第１章　キリスト教の歴史と入信式」
『聖書と典礼』編集長、日本カトリック典礼委員会委員

具《クー》　正謨《チョンモ》　「第２章　教会共同体と入信の秘跡」
イエズス会司祭、上智大学神学部教授、日本カトリック典礼委員会委員

南雲正晴《なぐもまさはる》　「第３章　四旬節の典礼と洗礼志願者（入信志願者）」
フランシスコ会司祭、日本カトリック典礼委員会委員

アンドレ・ヴァン＝カンペンハウド　「第４章　堅信の秘跡の豊かさ」
横浜教区司祭、元横浜教区典礼委員会委員

久我純彦《くがすみひこ》　「第５章　入信後に続く信仰生活とミサ」
イエズス会司祭、横浜教区典礼委員会委員

宮越俊光《みやこしとしみつ》　「第６章　信仰生活を深める典礼暦年と聖書朗読」
カトリック中央協議会事務局員、日本カトリック典礼委員会委員

嘉松宏樹《かまつひろき》　「第７章　聖書による入信準備、信仰生活への導き」
長崎教区司祭　日本カトリック典礼委員会委員・秘書

アキレ・ロロピアナ　「第８章　信仰の同伴①——信頼から信仰へ」
サレジオ修道会司祭

晴佐久昌英《はれさくまさひで》　「第９章　信仰の同伴②——あなたは、立ち上がります」
東京教区司祭

幸田和生《こうだかずお》　「第10章　典礼奉仕による神の民の成長」
名誉司教（東京教区）

コンスタンチノ・コンニ・カランバ　「おわりに」
淳心会司祭、オリエンス宗教研究所所長

信仰を求める人とともに
――キリスト教入信と典礼――

●

2019年10月10日　初 版 発 行

編　者　オリエンス宗教研究所
発行者　オリエンス宗教研究所
代　表　C・コンニ
〒156-0043　東京都世田谷区松原2-28-5
Tel. 03-3322-7601　Fax 03-3325-5322
https://www.oriens.or.jp/
印刷者　有限会社　東光印刷

ISBN978-4-87232-107-4　Printed in Japan

東京大司教出版認可済